MÉMOIRE

SUR

LES DÉVASTATIONS DES FORÊTS

DANS LES HAUTES ALPES

ET

LES MOYENS D'Y REMÉDIER.

ZURICH.

IMPRIMERIE DE J. J. ULRICH.

1842.

INTRODUCTION.

Le 27 Août 1834 a été une journée fatale pour une grande partie des Cantons méridionaux de la Suisse; le Canton des Grisons, le Tessin, Uri et le Valais, ont été ce jour-là ravagés par un de ces orages qui heureusement ne se répètent qu'à d'assez grandes distances.

A la suite des chaleurs très fortes qui avaient règné pendant la plus grande partie de l'été, et d'un vent chaud du sud qui avait soufflé avec violence pendant plusieurs jours consécutifs, non seulement toutes les neiges tombées sur les hautes Alpes pendant l'hiver avaient été fondues, mais encore une partie de celles qui se trouvaient accumulées depuis un grand nombre d'années dans les régions les plus élevées des Alpes, s'étaient fondues également, et même des portions considérables de glaciers n'avaient pu résister à ces chaleurs soutenues; un orage épouvantable, qui éclata subitement pendant la nuit du 26 au 27 Août et qui fut bientôt suivi par des torrens de pluie, et en bien des endroits par de véritables trombes d'eau, précipita du haut des montagnes des masses inouïes d'eau. Tous les ruisseaux, les torrens des montagnes, les rivières, les fleuves, déjà grossis à un point extraordinaire par la fonte des neiges et des glaces, augmentèrent leur volume à un tel point que leurs lits ordinaires ne purent plus le contenir et qu'ils débordèrent avec fureur dans le fond des vallées, s'élevant même assez haut sur le flanc des montagnes, et entraînant avec eux des masses de pierres, de gravier, de terres et de bois, qui vinrent répandre la désolation dans les Cantons susdits et ravager pour longtems des pays fertiles et heureux. Jusqu'à cette époque, non seulement des prairies fertiles, des champs ont été couverts par des masses de gravier et de blocs de pierre, ou en partie entraînées par les eaux, mais des habitations isolées, des maisons, des portions et même des villages entiers ont été détruits ou renversés. Des routes établies à grands frais, dans les endroits les plus inaccessibles des Alpes, ont été considérablement endommagés ou détruites en grande partie. Une grande quantité de bétail a péri, et quelques hommes et enfans ont perdu la vie; des populations entières ont passé tout-à-coup d'un état d'aisance, ou tout au moins d'honnête médiocrité, à un dénuement absolu.

Il n'entre pas dans le plan de ce travail de présenter une énumération détaillée des ravages occasionnés dans chacun des Cantons qui ont souffert de l'orage du 27 Août, mais cependant il est nécessaire à son but d'indiquer sommairement la nature et l'étendue de ces ravages.

CANTON DES GRISONS.

Les ravages de l'inondation se sont étendus depuis les hauteurs du Gothard et d'Oberalp dans la vallée du Rhin antérieur jusqu'au-delà de Coire. Dans la vallée du Rhin postérieur, depuis le Splugen et le Bernardin, Schams, Domletsch, Tusis, le pays de Vatz. Dans la haute Engadine tout le Bergell jusqu'aux frontières de Chiavenna, Puschiavo, même le Munsterthal, enfin la vallée de Misocco qui a souffert tout particulièrement.

CANTON DU TESSIN.

Les ravages ont commencé dans la vallée de Bedretto et sur les hauteurs du Gothard et se sont étendus depuis Airolo jusques aux environs de Bellinzona. La vallée de Maggia a souffert d'une manière extraordinaire; beaucoup de propriétés particulières ont été détruites on ensablées; des ponts et des maisons ont été enlevées; la route du St. Gothard a essuyé de très grandes avaries.

La totalité des dommages a été estimée à 942,047 Fr. de Suisse.

CANTON D'URI.

Les ravages ont commencé a Realp où les eaux descendant de la Fourche et des autres sommités ont détruit les pâturages situés dans le fond de la vallée; le village de ZumDorf a été entièrement ravagé.

Les eaux de cette branche de la Reuss réunies à celles qui descendaient du Gothard et des vallées d'Ober- et d'Unter-Alp, ont envahi la belle plaine d'Urseren ou d'Andermatten et l'ont presque en entier recouverte de gravier et de blocs de toutes grandeurs; se précipitant ensuite avec fracas dans le défilé des Schöllenen où elles étaient resserrées entre deux hautes parois de granit, elles n'ont pu y causer aucun dégât notable, mais lorsqu'elles ont atteint Geschenen et l'embouchure de la vallée de Mayen, elles ont causé de terribles ravages, qui se sont augmentés par l'accroissement de volume que la Reuss recevait de chacun des torrens débouchant des vallées latérales; mais c'est surtout depuis Amstäg, ou plusieurs maisons ont été emportées, que les ravages ont été terribles. Des terres cultivées, des prairies magnifiques, des jardins ont été entraînées ou recouvertes d'une épaisse couche de gravier et de toute espèce de débris, les communes de Silenen, Erstfelden, Schattdorf, Attinghausen, Seedorf, Altorf et Fluelen ont beaucoup souffert.

Une perte très sensible a été celle de toutes les digues élevées à grands frais depuis bien des années pour garantir les bords de la Reuss, et qui ont été à-peu-près entièrement détruites ainsi que tous les ponts situés sur cette rivière. Les ravages causés dans le Schächenthal quoique considérables ne peuvent pas se comparer à ceux de 1831.

L'évaluation des dommages faite par ordre du Gouvernement se monte à 628,389 Fr.

CANTON DU VALAIS.

Les désastres ont commencé immédiatement au-dessus d'Oberwald à l'issue de la vallée supérieure du Rhône et de celle d'Unterwasser; un torrent d'eau, de gravier et de blocs est venu se précipiter sur la plaine et la couvrir de pierres et de gravier; les eaux de l'Egine, également grossies et chargées de pierres et de bois ont ravagé ZumLoch, et bientôt le Rhône débordant de toutes parts est venu inonder et causer d'affreux désastres dans toute la vallée de Conches. Les eaux de la Binnen ont aussi causé beaucoup de dégâts dans cette vallée; mais c'est surtout depuis Grengiols à Naters et à Briegerbad que les ravages ont été épouvantables. Une grande partie des prairies et des terres fertiles de Moerils ont été emportées; toute la belle plaine de Naters a été recouverte de gravier. Une partie considérable des terres du village de Briegerbad ont été entraînées et détruites par le Rhône, qui s'y est creusé un nouveau lit.

Les eaux de la Saltine ont charié une immense quantité de pierres et de blocs sur les terrains environnans et presque dans le Rhône.

Les deux vallées de la Visp ont été aussi cruellement ravagées surtout celle de Saas.

Toute la plaine depuis Viége à Tourtig a été sous l'eau et ne formait qu'un lac.

Les eaux de la vallée d'Anniviers ont charrié aussi des quantités énormes de pierres et de gravier qui ont recouvert jusqu'à 30 pieds de hauteur les beaux vergers de Chippis et de Granges.

C'est ici à-peu-près que se sont arrêtés les ravages des eaux en Valais, car les dommages qu'elles ont causé dans le Bas-Valais ont été peu considérables, malgré que dans la proportion ils aient été évalués à un taux beaucoup plus élevé que ceux bien plus réels du Haut-Valais.

La totalité des estimations des pertes causées en Valais par l'inondation s'est élevée à 1,116,890 Fr.

Les gouvernemens des Cantons victimes de ces évènemens s'empressèrent d'en donner connaissance à leurs Confédérés, qui de leur côté provoquèrent des collectes dans leurs Cantons respectifs.

De son côté le respectable Zellweger de Trogen, qui se retrouve à la tête de toutes les entreprises utiles de la Suisse, fit un appel aux diverses sections de la Société d'utilité publique, et les invita à envoyer des députés à Zurich pour le 20 d'Octobre afin de pourvoir d'une manière convenable à la répartition des secours obtenus.

Cette réunion eut en effet lieu les 21 et 22 Octobre sous la présidence de Mr. Zellweger; il s'y trouva 26 députés des divers Cantons.

Après avoir entendu les députés des Cantons d'Uri, des Grisons et du Valais, l'assemblée décida:

1) De nommer un Comité permanent de secours, composé de neuf membres, siégeant à Zurich, qui serait chargé de la réception des dons et de leur distribution.

2) D'envoyer dans les Cantons dévastés des commissaires qui seraient chargés de prendre connaissance des dommages et de comparer les estimations qui en auraient été faites avec la réalité.

3) D'employer les fonds à soulager les particuliers les plus pauvres sans y faire participer les gouvernemens et les communes.

En conséquence de ces décisions, dès que le Comité fédéral de secours fut organisé, il nomma des commissaires qui se rendirent, malgré la saison déjà avancée, dans les Cantons dévastés et parcoururent, aussi en détail que cela leur fut possible, toutes les contrées qui avaient souffert de l'orage du 27 Août.

Il résulte de leurs rapports qui ont été imprimés, que la totalité et l'intensité des ravages étaient encore plus considérables qu'on ne l'avait indiqué.

Une conséquence bien remarquable de cette inspection locale fut de faire sentir la nécessité de réserver une partie des dons recueillis pour l'employer à des travaux de préservation, c'est-à-dire à des digues et des *contreforts* qu'il était impossible soit aux particuliers, soit aux communes de rétablir entièrement à leurs frais.

Dans le Canton des Grisons surtout, cette opinion se prononça d'une manière positive. »Aidez-nous à reconstruire nos digues«, disait-on aux commissaires, »afin »que nous puissions, avec quelque sécurité, reconstruire nos demeures démolies »et déblayer nos prairies et nos champs encombrés de gravier et de pierres; car »sans des secours, nos moyens seraient insuffisans.«

Cette opinion ayant successivement été adoptée par les autres Cantons, le Comité fédéral se décida à consacrer une certaine portion des sommes obtenues par les collectes qui avaient été effectuées dans la plupart des Cantons, pour être employées spécialement à des travaux de correction du lit des torrens et rivières, ainsi qu'à des digues et éperons, en réservant aussi que ces travaux seraient exécutés sur des plans fournis par des hommes de l'art et surveillés par des commissaires fédéraux.

Une seconde visite des Cantons dévastés qui eut lieu en Juin et Juillet 1835 par Mrs. Escher, Durler et Hegner fit encore sentir plus fortement la nécessité de pourvoir par des constructions faites d'après un plan général et dirigées par des experts, au redressement et au diguement des cours d'eau.

Ces commissaires trouvèrent déjà beaucoup d'ouvrages de ce genre faits ou en construction dans plusieurs endroits, mais surtout dans le Bergell, Poschiavo et le Vorder- et Hinter-Rhein, ainsi qu'aux environs de Domletsch; grace à l'action bienfaisante de la végétation et de la température ainsi qu'à l'activité déployée par les communes et les particuliers, beaucoup de dévastations avaient été réparées; bien des terrains envahis par les sables et les pierres en avaient été débarrassées et rendus à la culture; mais les commissaires avaient appris avec chagrin que l'effet des secours accordés aux particuliers avait été plutôt nuisible que véritablement utile.

Dans le Canton du Tessin les commissaires purent se convaincre que l'estimation des dommages avait été fort modérée, et que, sous tous les rapports, il convenait de n'accorder aux particuliers qu'au plus un tiers du montant de la somme allouée à ce Canton par la répartition du Comité central; que le surplus de la somme devait être employé à des travaux de correction ou de préservation, ou mis en réserve pour des besoins futurs.

Dans le Canton d'Uri le même vœu a été exprimé, c'est-à-dire qu'au moins les deux tiers de la somme accordée à ce Canton fussent consacrées à des travaux d'amélioration.

C'est à la suite du rapport de ces divers commissaires que le comité central de Zurich décida en Février 1835, que sur les sommes allouées aux quatre Cantons dévastés et qui avaient été réparties comme suit:

	Evaluation des dommages.		*Secours accordés.*	
Grisons	Fr. 2,015,572.	40 Rp.	Fr. 151,007.	08 Rp.
Tessin	» 942,047.	— »	» 69,780.	28 »
Uri	» 637,064.	61 »	» 48,299.	95 »
Valais	» 1,116,890.	— »	» 84,566.	80 »
	Fr. 4,711,574.	01 Rp.		

Il a été réservé pour des constructions et travaux de préservation:

Grisons: toute la somme accordée à ce Canton.

Tessin: au moins la moitié de la somme répartie.

Uri: à peu près la moitié. (A Urseren on peut distribuer tout aux particuliers, mais ici on a de même réservé environ 10,000 Fr. pour des diguements.)

Valais: toute la somme qu'on laissera aux particuliers à cause du besoin urgent.

Les documens nous manquent pour indiquer avec exactitude quel a été l'emploi de ces sommes dans chaque Canton, et quels ont été les résultats obtenus.

A peine les plaies causées aux quatre Cantons des Grisons, Tessin, Uri et du Valais commençaient-elles à se cicatriser, à peine les champs et les prairies étaient-elles en partie débarrassés, à force de travaux et de sacrifices, des pierres et du gravier dont ils avaient été recouverts en 1834, que les mêmes causes qui avaient produit ces affreux désastres se sont renouvelées avec au moins autant de force les 15 et 16 Septembre et les 5 et 6 Octobre 1839. Un vent du sud-ouest, qui avait soufflé avec violence dans les plaines de l'Italie, s'étant fait sentir au commencement de Septembre dans les vallées situées sur le revers méridional des Alpes, ne tarda pas, en s'élevant toujours davantage sur le flanc des montagnes et jusques sur les sommets les plus élevés des Alpes, à amollir les masses de neige et de glace qui les recouvrent, et à en faire fondre une grande partie; une pluie chaude et douce étant tombée pendant plusieurs jours et ayant augmenté l'action dissolvante du vent, des torrens d'eau se précipitèrent tout-à-coup dans toutes les vallées, surtout dans celles situées sur le revers méridional, et en s'élevant à des hauteurs inouïes, entrainèrent dans leur cours impétueux tout ce qui résistait ou se trouvait sur leur passage. C'est ainsi que les vallées de Poschiavo, de Bergell, de Calanka, de Misocco, du Tessin, de Maggia, du Rhin, de la Reuss et du Rhône, ont été de nouveau ravagées et ont vu se renouveler avec plus d'intensité encore, tous les désastres déjà affreux de l'année 1834.

Il résulte du rapport de Mr. l'ingénieur en chef Negrelli, qui fut envoyé sur les lieux au mois de Novembre par le Comité central de Zurich pour apprécier les dommages qui avaient été causés par l'inondation, et pour donner aux gouvernemens, aux communes et aux particuliers des conseils sur les moyens de prévenir pour la suite le retour de semblables calamités, que dans

LE CANTON D'URI

les ravages ont commencé déjà sur les sommités du Gothard près de la frontière où plusieurs éboulemens de terrain ont eu lieu.

D'Hospital à Andermatten la vallée a été entièrement inondée et recouverte de sable et de gravier.

D'Andermatten à Amstäg les dommages n'ont pas été sensibles à raison de ce que la Reuss est constamment encaissée assez profondément, mais au sortir de cette gorge le torrent s'est jeté avec fureur sur ce village, a détruit tous les ouvrages qui avaient été construits pour le garantir; des maisons ont été submergées, l'une d'elle a été presque détruite ainsi que tous les jardins situés au bord de la rivière. Sur la rive gauche de la Reuss des prairies ont été recouvertes de gravier et de cailloux.

Le pont d'Amstäg à beaucoup souffert. Une digue construite par des particuliers depuis l'inondation de 1834 a été fortement endommagée; la mauvaise direction de cette digue a été cause que le courant s'est porté sur la rive opposée, où il a fait beaucoup de mal.

Dans la plaine de Sillenen, la Reuss, après avoir détruit une digue de plus de 800 pieds de longueur, s'est répandue avec fureur sur les prairies qu'elle à ravagées jusqu'au pied de la berge qui les limite, et qu'elle a attaquée sur une longueur de plus de 420 pieds; une digue de 240 pieds destinée à garantir la chaussée près du rivage a été emportée et la route fortement endommagée.

A Erstfelden, où la Reuss forme un coude prononcé, la plaine a été inondée et recouverte de sable en partie; le pont a été emporté.

La seconde irruption de la Reuss a eu lieu vis-à-vis de Ribshausen, sur une longueur de près de 400 pieds; les prairies les plus rapprochées du fleuve ont été couvertes de gros cailloux et les autres recouvertes de sable.

On doit attribuer ces ravages à l'irrégularité du cours de la Reuss.

La troisième irruption, encore plus désastreuse, a eu lieu sous le pont d'Attinghausen, où une digue, construite à neuf depuis 1834, a été détruite sur une longueur de 480 pieds; la Reuss s'est jetée tout au travers des plus belles prairies, qu'elle a recouvertes de gros cailloux et de gravier; ce n'est qu'à une demi-lieue plus bas qu'elle est rentrée dans son lit.

On doit attribuer cette irruption à l'action du torrent sortant de la vallée de Schächen qui se jette à angle droit dans la Reuss.

La dernière irruption a eu lieu sur une longueur de 552 pieds sur la digue d'Altorf, et la Reuss s'est étendue sur toute la plaine jusqu'à Fluelen.

Mr. l'ingénieur Negrelli affirme qu'au moyen d'un système bien entendu de digues et de corrections convenables, la vallée de la Reuss pourra être mise à l'abri de pareilles inondations sans de trop grands sacrifices. Il avait estimé le montant des dommages à une somme de 151,000 Fr., mais le Gouvernement d'Uri a porté cette estimation à la somme de 355,889 Fr.

CANTON DU TESSIN.

Les ravages causés par les eaux dans ce Canton ont commencé comme ailleurs à la naissance des vallées et se sont accrus progressivement à mesure qu'ils s'étendaient dans la plaine.

Toute la vallée de Bedretto fut inondée par le Tessin, dont les eaux débordées et chargées d'arbres et de pierres se jetèrent avec une violence irrésistible vers les parties inférieures de la vallée. Les villages de Piotta, d'Ambri sopra et sotta, furent dévastés; dans ces deux derniers, 7 maisons et 22 étables furent détruites. Toute la fertile plaine qui entourait ces villages, et où, à force de travail et de dépenses, on était parvenu à faire disparaître les traces des désastres de 1834, a été plus ravagée qu'à cette époque. Mr. l'ingénieur Negrelli observe que, malheureusement, on s'était plus occupé de réparer les ravages de l'inondation que de les prévenir par des travaux convenables.

Sans parler des dommages qu'a essuyés la route du Gothard, entr'autres dans le défilé de Stalvedro, on doit citer le village de Quinto comme ayant été encombré de gravier par le ruisseau qui le traverse. La berge sur laquelle est située Fiesso, a été fortement attaquée.

Les pentes des montagnes des deux côtés de la vallée présentent partout des éboulemens.

En sortant du défilé de Piottino, où les eaux du Tessin n'avaient pu entamer les murailles de granit qui le bordent, elles se sont précipitées sur la plaine et ont ravagé les terres de Polmengo, Faido, Chigiogna et Lavorgo, qui présente un aspect de désolation terrible; tout le terrain cultivé, tous les arbres ont été emportés ou détruits. A Faido, 8 moulins, 2 teintures et 3 étables ont été emportés.

Une digue qui avait été construite à Lavorgo depuis 1834, sans directions convenables et sans *radier*, et qui, par sa mauvaise direction, a encore augmenté le mal, a été détruite de fond en comble.

Les terres de Calonico, Frosinone, de Chironico entre Chigiogna et Lavorgo ont aussi beaucoup souffert. Enfin toute la plaine depuis Osogno au Lac majeur a été inondée.

Les ravages ont été considérables dans la vallée de Blegno.

Dans la vallée de Maggia quoique les ravages se soient répandus dans toute la vallée, ce sont surtout Peccia et Cevio qui ont le plus souffert. Fusio et Mogno ont été fortement endommagés, mais à Peccia, village de 35 feux, 11 maisons et 20 chalets ont été entièrement détruits, et ce qui est resté, est exposé aux plus grands dangers.

Le torrent a creusé de 60 à 80 pieds de profondeur le cône de débris, sur lequel Peccia est situé; les maisons sont sur le bord de ce précipice.

En outre une rupture de plus d'une lieue carrée s'est faite dans le terrain en arrière du village.

Le chemin de Mogno à Peccia est emporté. Le danger de la partie supérieure de la vallée de Maggia est encore augmenté par l'incertitude, où l'on est que la pente au-dessus de Peccia, qui est déjà en dissolution, ne vienne à glisser, ce qui rend la position de Peccia, Prato et Broglio très précaire.

Le pont sur la route de Biolto est en partie emporté, depuis là la rivière s'est répandue sur les terres de Cevio, qu'elle a ravagées et a rongé la berge sur laquelle est situé le village.

Le pont de Cevio a été endommagé. A Someo plusieurs champs et le chemin, sur une longueur de 600 pieds, ont été emportés; depuis cet endroit les villages et le chemin sont situés à une plus grande élévation.

Le grand pont d'Ascona, qui a coûté 400,000 Lrs., venait d'être achevé depuis quelques jours, lorsque l'inondation lui a emporté 10 piliers et 11 arches et l'a ruiné à moitié; c'est ici que se sont terminés les ravages des eaux.

Mr. Negrelli fait observer que dans un pays qui est traversé par de magnifiques routes et où l'on a construit de superbes ponts, il n'y a aucun ouvrage de soutennement ou de correction d'une certaine étendue et qui soit construit sur un plan général.

CANTON DU VALAIS.

Mr. Negrelli, après avoir fait observer que, si les vallées du Tessin ont souffert d'une manière déplorable par les orages de Septembre et Octobre 1839, la vallée de la Toccia a essuyé de plus grands dommages encore et que surtout aux environs de Domo d'Ossola elle présente un aspect accablant; que dans celle du Simplon, sur le revers méridional, la route a été presqu'entièrement détruite au point qu'elle ne pourra pas être rétablie sur le même emplacement; sur le revers septentrional, c'est-à-dire sur le territoire Valaisan, la route a en général moins souffert, quoique les dommages aient aussi été considérables.

En-dessous de Bérisal dans le ravin du Cander il y a eu plusieurs glissemens du terrain qui est en mouvement.

En revanche les ravages ont été immenses dans la vallée du Rhône. La Saltine, sortie de son lit, a couvert, dans son court trajet jusqu'au Rhône, les plus belles prairies de gravier et de blocs énormes, et menace Brieg des plus grands dangers, si l'on ne parvient pas à lui faire reprendre son cours ordinaire.

Dans la vallée de Gombs ou de Conches, le Rhône a causé de grands ravages et a endommagé plus ou moins toutes les propriétés qui se trouvaient à sa portée.

Mœril a été considérablement attaqué; le pont a été enlevé, et le plateau sur lequel est situé le village, fortement entamé.

Les ravages causés par l'inondation de 1834, dans la plaine au-dessous de Mœril, ont été considérablement étendus, au point qu'il ne reste plus un pouce de terrain cultivable. La plaine et les prairies de Bitsch et Naters, ombragées par les plus magnifiques noyers, ont été inondées et couvertes de débris et les noyers arrachés. Le pont de Naters a été fortement ébranlé. Toute la plaine au-dessus de Brieg, de Glisset, de Briegerbad a été couverte de débris et de sable. Le Rhône quittant son lit s'est jeté sur Briegerbad, et ce n'est qu'à une lieue plus bas qu'il est rentré dans son lit habituel.

Le pont de la Lonza, sur le Rhône, a été entièrement détruit et celui de Sière ébranlé jusque dans ces fondations. Au surplus les dommages ont été peu considérables depuis Briegerbad à Sière, s'étant bornés à l'inondation des terrains bas et non cultivés; mais tous les barrages, élevés sur les rives du fleuve pour les garantir, ont été en grande partie détruits. Il est d'ailleurs fortement à désirer que désormais tous ces travaux soient dirigés par des hommes de l'art et construits sur un plan raisonné et arrêté d'avance, ce à quoi on paraît sérieusement disposé au Valais.

Mr. Negrelli donne ensuite un aperçu de l'estimation des dommages, qu'il porte:

pour le Canton d'Uri à	181,000	Fr. de Suisse.
pour celui du Tessin	1,370,000	» » »
pour celui du Valais	273,000	» » »
en tout	1,824,000	Fr.

Laquelle somme étant divisée en 18 parts, il estime qu'il en reviendra:

à Uri	2.
au Tessin	13.
au Valais	3.

Mr. Negrelli passant ensuite à la répartition des secours entre les Cantons dévastés, n'hésite pas à se prononcer pour que ces secours, au lieu d'être distribués aux individus qui ont été victimes des inondations, soient appliqués, à l'exception de quelques secours à accorder aux plus pauvres pendant l'hiver, à des travaux destinés à garantir pour la suite les propriétés des communes et des particuliers du retour de semblables calamités.

Il propose après cela quelques mesures générales, qui devraient être adoptées par les Cantons en question; d'abord il croit devoir prononcer avec assurance que l'écoulement paisible des eaux dépend de la *conservation des forêts, dont la nature bienfaisante a évidemment recouvert les pentes des montagnes pour protéger les vallées et les plaines, et que, bien loin de conserver, on détruit chaque jour davantage.*

C'est surtout dans le Canton du Tessin que cette destruction des forêts se poursuit avec le plus d'activité, et Mr. Negrelli dit qu'il a vu le lac Majeur, depuis l'embouchure du Tessin jusqu'à celle de la Maggia, totalement couvert de bois. Mr. Negrelli observe que cet aspect était réellement effrayant pour quelqu'un qui venait de visiter les différentes vallées où tant de ravages avaient été causés par ces dévastations de forêts. En outre, qu'il était douloureux de voir depuis Peccia, dont la ruine est imminente, *qu'une pente sujette aux éboulemens avait été dépouillée des arbres qui la recouvraient, pendant que le terrain était encore gelé.*

En procédant de cette manière, la ruine des vallées est inévitable. Il estime qu'il serait fort désirable qu'on pût conserver le long des fleuves et rivières une certaine étendue de terrain à la production du bois, ce qui éviterait de très grands dommages. Il dit que la rage de tout mettre en culture s'étend toujours davantage jusqu'au bord des rivières et torrens, et qu'il en résulte non seulement la destruction du terrain boisé, mais encore celle des propriétés éloignées et des maisons. Une seconde mesure serait, selon Mr. Negrelli, l'établissement d'une surveillance technique sur tous les travaux de correction ou de diguement des cours d'eau, afin que non seulement les peines et la dépense ne fussent pas perdues, mais aussi que ces travaux ne reçussent pas une fausse direction.

Enfin il croit que le défaut de solidité de beaucoup de ponts et de routes tient à ce que les travaux sont adjugés aux enchères, et que nulle part on n'apporte assez d'attention à la fondation de ces travaux.

Mr. Negrelli donne enfin un aperçu des travaux de corrections et digues de rivières et de torrens à faire, ainsi que du coût des ponts et des portions de route à rétablir dans chacun des Cantons dévastés, les Grisons exceptés.

Le Directoire Fédéral ayant, par une circulaire du Janvier 1840, invité les Gouvernemens cantonaux à envoyer à Zurich pour le 17 Février des députés, qui seraient appelés à se prononcer sur le meilleur emploi à faire des secours obtenus en faveur des Cantons dévastés, et ces députés s'étant réunis à Zurich, le jour indiqué, sous la présidence de Mr. le Bourguemestre Hess, on a posé quatre questions dont la solution se trouve énumérée dans le protocole de cette assemblée.

La première question a été de savoir, »à combien se montaient les dommages causés dans chaque Canton par les orages des 15 et 16 Septembre et 5 et 6 Octobre 1839.«

D'après les réponses des députés, on voit que ceux d'Uri se sont élevés à 355,889 Fr. Mr. Negrelli les avait estimés à 181,000 Fr. Tessin a répondu que 2218 familles formant 10,000 individus, avaient éprouvées une perte de 2,817,914,116 Lrs., soit à raison de 34 Lrs. pour le Louisd'or, 1,326,077 Fr. de Suisse. Le Valais a éprouvé une perte de 386,903 Fr. Enfin les Grisons ont éprouvé une perte de 88,037 Fl., soit 102,709 Fr. de Suisse.

La perte totale pour les 4 Cantons serait donc de 2,171,578 Fr., c'est-à-dire 2,539,996 Fr. de moins qu'en 1834, où la totalité des dommages s'est élevée à la somme de 4,711,574 Fr.

La seconde question était de savoir »de quelle manière les dons reçus en 1834 avaient été employés.«

Le député d'Uri a répondu que seulement un tiers des sommes reçues avait été distribué aux particuliers les plus pauvres qui avaient été victimes de l'inondation, et que les deux autres tiers, qui se montaient à environ 80,000 Fr., avaient été mis en réserve pour former un fonds destiné à entreprendre des travaux de correction, des cours d'eau et des digues; que sur cette somme 10,000 Fr. revenaient exclusivement à la vallée d'Urseren.

Le député du Tessin a répondu qu'un compte avait déjà été rendu à ce sujet, mais qu'il restait encore à rendre compte de l'emploi d'environ 90,000 Lrs., dont 30 à 40,000 n'ont pas reçu de destination et devront probablement être appliqués aux travaux devenus nécessaires par les nouvelles inondations.

Le député du Valais a répondu que d'après la décision de la Conférence du mois de Février 1835, tous les fonds remis à ce Canton avaient été distribués aux pauvres et aux particuliers, dont la fortune ne s'élevait pas à un capital de 2000 Fr.; que 17,000, qui avaient été reçus postérieurement, avaient été mis en réserve dans la caisse de l'état.

La Conférence a ensuite pris les résolutions suivantes:

1) On prélèvera sur le montant des secours obtenus une somme de 4000 Fr. pour la remettre au Canton des Grisons, qui la distribuera, suivant sa prudence, aux communes qui ont le plus souffert.
2) Le surplus des dons sera distribué comme suit:

   Un quart au Canton d'Uri, de laquelle somme $1/4$ sera distribué aux pauvres et $3/4$ employés à des ouvrages de préservation.

   Deux quarts seront accordes au Canton du Tessin, dont $1/3$ à distribuer aux pauvres et $2/3$ à employer à des travaux. Un quart sera accordé au Canton du Valais, dont la moitié sera distribuée aux pauvres, et le reste employé à des travaux.
3) Les travaux à entreprendre devront être exécutés sous la surveillance d'un Ingénieur fédéral, nommé par le Vorort, et auquel chaque Canton devra remettre des plans et devis des travaux levés à ses frais par des experts.

Les fonds perçus seront administrés par un Comité de onze membres siégeant à Zurich. Il sera recommandé instamment aux Cantons d'Uri, du Tessin et du Valais, d'exercer une stricte surveillance sur la culture de leurs forêts et surtout d'empêcher le parcours dans les semis, et la destruction ou les coupes rases de forêts entières.

C'est pour remplir d'autant mieux les intentions de la Conférence du 17 Févier que le Comité central, auquel elle avait confié la gestion des fonds, a cru devoir s'adresser à la société des sciences naturelles pour lui demander des conseils sur les mesures forestières qui pourraient être proposées; et qu'à la suite du rapport, qui a été fait au Comité de Zurich, il a bien voulu me charger de lui présenter un travail sur cette matière importante. Quelqu'honoré que je sois de cette mission, et quelque ardent que soit mon desir de m'en acquitter d'une manière satisfaisante, je dois reconnaître d'avance que je suis bien loin de pouvoir prétendre d'être en état de remplir tout ce qu'exigerait une pareille vocation; surtout je ne puis que déplorer de n'avoir pas été dans le cas de parcourir récemment les contrées dévastées, afin de pouvoir me former une idée plus juste de l'état actuel de leurs forêts et des besoins de cette partie de leurs ressources agricoles. Quant aux dégâts causés aux deux époques si fatales à la Suisse, j'ai pu les apprécier assez exactement par les lectures de nombreux et lumineux rapports des experts qui ont été chargés à plusieurs reprises d'en rendre compte au Comité central.

La division du travail dont j'ai à m'occuper me paraît découler assez naturellement du sujet lui-même; ainsi je traiterai d'abord de la cause des dégâts, et ensuite des moyens d'y porter remède et d'en prévenir si possible le retour pour les tems à venir.

CHAPITRE I.

PARTIE TOPOGRAPHIQUE.

CONFIGURATION ET NATURE DU TERRAIN, CLIMAT ET VÉGÉTATION DANS LES CANTONS DÉVASTÉS.

Les ravages dont on a fait l'énumération au commencement de ce mémoire, ont eu essentiellement pour théâtre cinq grandes vallées; celles du Rhin, celle du Rhône, celle du Tessin, celle de la Maira et celle de la Reuss; on pourrait y ajouter encore le torrent dé Poschiavo. Les quatre premiers fleuves ont leur source dans le groupe de montagnes connu sous la dénomination de St. Gothard, qui, bien qu'il ne renferme pas les cimes les plus élevées de la chaîne des Alpes, peut cependant être considéré comme une sorte de plateau central, d'où découlent deux des principaux fleuves de l'Europe et une infinité de rivières.

CANTON D'URI.

Le point le plus élevé de ce groupe est sans contredit le Galenstock, dont la sommité est indiquée de 10,970 pieds au-dessus de la mer, et c'est essentiellement des glaciers qui descendent de cette sommité que découlent les sources principales du Rhône et de la Reuss. Le point le plus élevé du groupe du Gothard proprement dit est la Fibia, qui s'élève à 9370, et ensuite la Fieudo ou Fieud, qui s'élève à 8890 pieds. La source la plus éloignée du Tessin se trouve sur le col de la Nuffenen et les hauteurs qui l'avoisinent, qui en partie sont couvertes de glaciers. Il n'existe pas dans le groupe du Gothard des mers de glace proprement dites, mais plusieurs glaciers isolés, dont le plus considérable est probablement celui de Weitenwasser, qui couvre les flancs orientaux du Mutthorn, et descend dans un petit vallon à l'ouest de Realp. Ensuite le glacier de Bielen, qui se trouve sur l'arête, entre la vallée de Realp et celle de Maggia. Le glacier de St. Anna se trouve au sud-ouest d'Hospital, mais il a peu d'étendue; on voit que le groupe de montagnes qui porte particulièrement le nom de St. Gothard ne renferme point de cimes qui atteignent 10,000 pieds de hauteur, puisque celle de la Fibia, qui passe pour la plus élevée, n'en a que 9468 suivant Mr. de Saussure et seulement 9370 d'après la carte de Keller. Le col en a 6420 ensorte que les cimes les plus élevées ne le dépassent guère que de 2 à 3000 pieds.

Cela explique le peu de volume des eaux de la Reuss à l'ordinaire, il faut donc qu'elle se grossisse successivement des affluens qu'elle reçoit entre la vallée d'Urseren et Altorf, dont les principaux sont le torrent de Geschenen, celui de Maien, le Kerstelenbach, le Schæchen, qui débouchent de vallées plus ou moins longues et toutes environnées de hautes montagnes, pour la plupart recouvertes de neiges éternelles ou de glaciers.

Le fond de la vallée d'Urseren est à 4460 pieds au-dessus de la mer, Hospital est à 4529 et Realp à 4730. Cependant il n'y a plus de forêt dans cette vallée, à l'exception du petit bois de sapin et de melèze, qui se trouve au-dessus d'Andermatten. A Realp, il n'y a plus d'arbres à lexception de quelques saules. Cependant à cette élévation on voit de belles forêts dans la vallée de Zermatten.

Mr. Kasthofer a trouvé le sorbier à 500 pieds au-dessus de Realp.

Ce manque d'arbres dans la vallée d'Urseren doit donc être attribué moins à son élévation qu'à la négligence coupable avec laquelle les forêts ont été traitées dans les temps anciens, où il est plus que probable qu'il en existait; non seulement on y a coupé sans ménagement, mais encore on n'a rien fait pour protéger le repeuplement, et surtout on les a abandonnées à la dent dévastatrice des chèvres.

Si, en sortant de la vallée d'Urseren, on descend dans la vallée de la Reuss, on commence à retrouver des arbres et ensuite des forêts presque au débouché du défilé des Schöllenen; ce sont des forêts de sapin rouge avec un mélange de melèze; ces forêts deviennent plus considérables et mieux fournies à mesure qu'on descend dans la vallée et qu'on se rapproche d'Altorf. Mais partout on y voit des traces des avalanches ou du peu de soin avec lequel elles sont exploitées.

Nature du terrain.

Le groupe du Gothard, ainsi que la vallée de la Reuss jusqu'à Amsteeg, appartient aux terrains qu'on appelait autrefois primitifs et auxquels on a depuis reconnu une origine beaucoup moins ancienne que beaucoup de roches réputées plus jeunes. Ce sont des granites, des gneiss, des schistes micacés, des schistes argileux, des roches talqueuses et amphiboliques, quelque couches de calcaire grenu. La plupart de ces roches se décomposent assez promptement par l'action de l'air, du froid et de l'eau. Il se forme à leur surface une couche plus ou moins épaisse de terre végétale qui devient très fertile, lorsqu'elle est peut-être mélangée d'un peu d'humus produit par la décomposition des matières végétales.

CANTON DES GRISONS.

Vallée du Rhin.

On sait que le Rhin est formé par la réunion de trois branches principales qu'on nomme le *Rhin antérieur*, le *Rhin du milieu* et le *Rhin postérieur*; chacune de ces branches a son origine dans des glaciers situés à la naissance de vallées plus ou moins longues et profondes, et dominées par des cimes d'une grande élévation. Ce serait un travail immense et d'ailleurs inutile pour notre but que de faire l'énumération de toutes les vallées latérales d'où débouchent sur les deux rives du Rhin des affluens plus ou moins considérables qui viennent en grossir les eaux. La composition des montagnes a la plus grande analogie avec celles du groupe du St. Gothard, un noyau de granit ou de granit veiné, *gneis-granit,* forme l'axe de la chaîne principale, qui suit à-peu-près la direction générale de la vallée; ce noyau ou cet axe est flanqué de roches micacées schisteuses, et ensuite d'une zone de roches sédimentaires, dont la nature varie suivant qu'elles se rapprochent ou s'éloignent davantage de la chaîne centrale. Toutes ces roches sont aussi sujettes à une forte décomposition, et les pentes des montagnes ou le fond des vallées sont encombrées de leurs débris. Il a été remarqué par Mr. Kasthofer et d'autres observateurs que, dans les vallées et les montagnes des Grisons, la végétation s'élève plus haut que dans l'Oberland bernois.

Déjà dans la vallée de Ciamut et de Dissentis, en descendant de l'Oberalp dans les Grisons, on retrouve des forêts de sapin et de melèze à une élévation considérable, 5000 à 5500 pieds.

Vallée de l'Inn.

La vallée de l'Inn, qui est à-peu-près parallèle à celle du Rhin, présente le même phénomène d'une végétation à de grandes hauteurs. Le col de la Maloja, qui sépare la vallée de l'Inn de celle de la *Maira*, est à 5650 pieds, et seulement de 30 pieds plus haut que le lac de Sils, autour duquel il y a encore des aroles *(pinus cembra),* et même à 1000 pieds plus haut. Mr. de Buch a fixé la limite des melèzes au Bernina à 7000 pieds; toute la vallée de l'Inn est bordée de belles forêts de melèze et d'arole, qui s'élèvent à de grandes hauteurs. A Samaden, qui est à 5390 pieds, le pinus cembra monte encore à 1000 à 1500 pieds plus haut.

A Scarla, village situé dans un vallon latéral, qui débouche dans la vallée de l'Inn vis-à-vis de Schuols, au-dessous de Tarasp, on cultive des céréales. Des forêts de melèze et de pin, qui ont été exploitées par coupes rases, sont remplacées par des pins rabougris de 5 à 6 pouces de diamètre. Près de la mine de galène de Madulein, à 6500 pieds, Mr. Kasthofer a trouvé une végétation forestière vigoureuse et mêmes des aroles isolés croissant vigoureusement au milieu de pins rabougris.

Mr. de Buch a fixé la limite des melèzes à Munteraschi à 7108 pieds, à St. Moritz, au-dessus de la source acidule, elle était à 6983. A l'Albula la limite des melèzes était à encore 6700 pieds. Il a trouvé la limite du sapin à l'ouest de Parpan à 5669 pieds.

A Davos à 4400 pieds Mr. Kasthofer observe que le seigle mûrit quelquefois à Sertig à 5650 pieds et il y a une forêt de sapin, à 1300 pieds plus haut que l'église, où l'on trouve aussi des aroles. Au passage de la Scaletta, à 300 pieds au-dessus de l'auberge de Tschuggen, qui est à 5900, il y a de beaux melèzes et aroles, et ces derniers portent souvent des fruits mûrs. C'est à Klosters, dans le Pretigau, à 3700 pieds, qu'on retrouve les premières forêts de hêtre; cet arbre manque dans les forêts des Grisons, ainsi que l'érable qui y est rare; on en trouve cependant encore jusqu'à Trons et plus haut encore. Ce qui paraît certain c'est que la ligne de la végétation forestière s'élève dans les Grisons à une hauteur notablement plus considérable que dans les Alpes occidentales soit du Canton d'Uri, soit du Valais, soit du Canton de Berne.

CANTON DU TESSIN.

Le Tessin a ses sources principales sur les sommités qui entourent le col de la Nuffenen; les eaux se grossissent, chemin faisant, de tous les affluens qui lui arrivent des deux versans des montagnes qui bordent la vallée et qui sont d'une grande élévation. Le premier affluent un peu considérable est le torrent qui descend du col de San Giacomo, sur la rive droite du Tessin; ensuite la branche du Tessin, qui descend des gorges du Gothard; puis le torrent du Val Canaria et celui qui vient du lac Riotom; mais la rivière qui sort du Val de Blegno au-dessous de Poleggio, est le premier cours d'eau d'une certaine longueur qui se jette dans le Tessin; elle a au moins 7 à 8 lieues de longueur et se ramifie en plusieurs branches, dont une des principales vient du Lukmanier et l'autre du Greina. A quelques lieues plus bas, et toujours sur la rive gauche, la Moësa, qui parcourt la vallée de Misocco, se jette dans le Tessin et augmente de ses eaux abondantes le volume de ce fleuve. La Moësa se divise aussi en deux branches au-dessus de Roveredo; celle de droite ou de l'est vient du Bernhardin, et celle de gauche ou de l'ouest, qui arrose le val Calanca, vient du Möschelhorn. La Marobbia est le seul torrent qui se jette encore sur la rive gauche du Tessin avant son entrée dans le lac Majeur.

Il est bien à remarquer qu'à l'exception du torrent de St. Giacomo, que nous avons cité, et de quelques autres qui débouchent de gorges plus ou moins profondes, il n'y a aucune rivière importante qui lui arrive de ce côté-là. Ce qui tient sans doute à ce que l'arête de la chaîne qui le sépare des vallées de Lavizzara et de Verzasca en est trop rapprochée.

Nous avons encore à citer la Verzasca, qui se jette dans le lac Majeur au-dessous de Gondola après un cours de 6 à 7 lieues, et ensuite la Maggia, formée par la réunion de trois à quatre branches, qui se jette dans le lac entre Locarno et Ascona.

On peut se faire une idée, d'après cette énumération imparfaite, de la masse d'eau qui sort de toutes ces vallées, surtout lorsque ces torrens sont grossis par la fonte des neiges, et en été par des pluies chaudes ou de violens orages.

La végétation est vigoureuse dans les vallées du Tessin; les essences qui composent les forets sont: le melèze, le sapin rouge et blanc, le hêtre, le pin, le frêne.

Dans le haut de la vallée de Bedretto les premiers arbres qu'on trouve en descendant du col de la Nuffenen, sont des melèzes, qui présentent d'assez grandes dimensions, et forment dans le fond de la vallée des forêts d'une consistance un peu claire. A mesure qu'on descend le Tessin, les pentes se couvrent davantage de verdure et les forêts s'élèvent plus haut sur le flanc des montagnes. En passant le col de St. Giacomo on trouve une forêt de melèze.

Les premiers melèzes qu'on trouve, en descendant du Gothard à Airolo, sont situés sur une espèce de plateau appelé Cima del Bosco.

Le frêne se trouve déjà au défilé de Stalvedro, et à Piota Mr. Kasthofer l'a trouvé dans toute sa beauté. Au-dessus de Dazio les forêts de sapin s'élèvent assez haut; on en trouve très peu au-dessous de Campolongo. Déjà au sortir du défilé de Dazio en descendant à Faido on trouve les premiers chataigners, et dès lors ils prennent une grande place dans la végétation du fond de la vallée et de ses pentes inférieures. Cependant au-dessus des forêts de chataigners on voit des melèzes, et du côté de l'ombre Mr. Kasthofer a observé que le sapin rouge et le bouleau étaient les essences dominantes. Le sapin commence à diminuer depuis Faido; ce n'est qu'à Poleggio que le hêtre prend le dessus sur le bouleau; jusqu'à Bellinzona les forêts ont un aspect de destruction; on voit quelques chênes sur les pentes. Le fond de la vallée de Riviera est couvert de cailloux et présente un aspect de désolation.

L'aune blanc croît sur les bords de la Moësa avec une vigueur peu commune; on en voit dont les tiges ont de $2\frac{1}{2}$ à 3 pieds de diamètre; il pourrait servir à cultiver Riviera et les pentes de Blegno.

L'exportation du bois pour l'Italie pourrait devenir pour ces vallées une source de richesses.

Les forêts ont été dévastées par les *Buratore;* on a cru mettre un frein à cette dévastion par des défenses d'exportation, mais il n'y a qu'une meilleure économie des forêts qui puisse y remédier.

Les chataigners ne dépassent pas Misocco, qui est à 2500 pieds. L'érable champêtre y croit.

Depuis Misocco le sapin reprend le dessus et on le voit rarement mélangé avec le melèze; on y trouve aussi du hêtre. Le sapin et le melèze forment des massifs serrés jusques près du haut du passage du Bernardin à 6000 pieds; tandis qu'au Grindelwald sur la Wengernalp on ne trouve que quelques pieds d'aroles, et plus bas des sapins rouges sans jeunesse à l'entour.

CANTON DU VALAIS.

On sait que le Valais se compose d'une vallée principale arrosée par le Rhône, qui la parcourt depuis sa source au pied de la Fourche jusqu'à son entrée dans le lac Leman, ce qui fait environ 35 lieues.

Dans cette vallée principale débouchent un grand nombre de vallées latérales, qui ont toutes de 7 à 10 lieues de longueur sur la rive gauche; celles qui descendent de la lisière septentrionale sont beaucoup moins longues.

Les montagnes qui bordent cette vallée au midi atteignent des hauteurs considérables, 8, 10, 12 à 13,000 pieds. Celles qui se trouvent sur le versant septentrional sont en général moins élevées; cependant plusieurs atteignent aussi une grande élévation; ainsi le Galenstock, qu'on peut regarder comme la première origine du Rhône, puisque c'est du glacier qui descend sur la pente occidentale que ce fleuve prend sa source, a près de 11,500 pieds. Et comme la limite entre les deux Cantons de Berne et du Valais passe sur les sommités et le faîte de la chaîne qui sépare les versans, on doit compter encore au nombre de ces montagnes le Finsteraarhorn, même la Jungfrau, le Breithorn, l'Altèls, le Wildstrubel, le Wildhorn, l'Arbelhorn, l'Oldenhorn, le Meuveran et la Dent de Morcles.

Il suit de là que la vallée du Rhône proprement dite, dans les limites que nous lui avons assignées, est toujours profondément encaissée par des montagnes de 6 à 8000 pieds au moins; les vallées latérales qui y aboutissent sont également dominées par des montagnes d'une grande élévation.

Toute la partie de la vallée arrosée par le Rhône est, à peu d'exceptions près, creusée dans une masse de roches schisteuses, qui peut-être definie comme une espèce de schiste micacé, se rapprochant tantôt plus du schiste talqueux, tantôt plus du schiste calcaire ; cette formation s'étend assez loin dans les vallées latérales méridionales, elle y est associée à des roches granitiques ou de gneiss, et à des roches de serpentine et de dolomie. Dans les vallées septentrionales le schiste talqueux est bientôt recouvert par du calcaire, qui en général constitue la plupart des sommités de la chaîne qui sépare le Valais du Canton de Berne.

En général les couches de ce schiste sont dans une position fortement inclinée au midi ; il résulte de cette disposition que les pentes des montagnes qui bordent le côté nord de la vallée, sont à-peu-près parallèles au plan des couches, tandis que dans celles qui sont au midi, les pentes présentent l'affleurement des couches.

Toute cette formation schisteuse se décompose facilement par l'action des agens atmosphériques, surtout par l'effet du froid ; l'eau qui s'insinue dans les fentes et entre les couches de ces roches schisteuses, venant à se geler par les froids un peu violens, la glace fait l'office de coin et soulève des masses plus ou moins considérables de ces roches, qui se détachent et roulent sur les pentes inférieures.

La décomposition agit avec moins de promptitude sur les roches granitiques ou feldspathiques, qui ont plus de cohérence, mais cependant comme elles sont en général traversées dans plusieurs sens par des fentes et des fissures, l'eau s'y insinue et en se gelant les sépare et les desaggrége également. Il n'est pas rare de voir sur des sommités granitiques de grands blocs cubiques ou rhomboïdaux qui ont été séparés par l'effet de cette décomposition sans cesse agissante, et que des trombes d'eau ou des avalanches précipitent ensuite sur les pentes inférieures et presque dans le fond des vallées.

Le village de St. Nicolas, dans la vallée de Viége, qui est dominé par des escarpemens granitiques, est entouré de blocs énormes, dont quelques-uns sont de la grosseur d'une maison, et qui sont descendus depuis les hauteurs qui entourent ce village. A côté de ces amas de blocs provenant d'éboulemens et de la dissolution ou décomposition des cimes et des masses de rochers qui bordent les vallées, il faut encore distinguer les amas de gravier et blocs, qui occupent quelquefois le fond des hautes vallées ou s'étendent sur leurs flancs. On a reconnu que ces amas sont dûs, pour la plupart, à des glaciers qui ont disparu, en un mot que ce sont d'anciennes *moraines*. Partout où ces amas existent, il est important qu'ils restent recouverts de végétation, car sans cela l'action des eaux a un effet fâcheux, elle en entraîne des portions plus ou moins considérables dans le fond des vallées, et c'est à cette cause qu'il faut attribuer le phénomène du charriage des torrens et des rivières des Alpes. Par la direction de la vallée du Rhône et des chaînes de montagnes qui la bordent, qui est en général de l'est à l'ouest, il arrive que le versant nord étant tourné au midi ou à l'est, et recevant plus longtemps l'action du soleil est plus aride que le versant méridional, ainsi que les vallées qui l'entrecoupent.

Les vallées qui débouchent sur la rive droite du Rhône, sont en général beaucoup plus arides et moins boisées que celles qui se trouvent sur la rive gauche ; celles-ci sont constamment plus longues et plus considérables ; elles se ramifient souvent en une multitude de petits vallons latéraux plus ou moins étendus et ordinairement dominés par des cimes d'une grande élévation et souvent terminées par des glaciers qui descendent du faîte de la chaîne centrale qui sépare le Valais de la haute Italie.

Presque toutes ces vallées sont parsemées de villages ou du moins d'habitations d'été, de chalets et de greniers construits presque toujours en bois.

Quand on voyage en Valais, et que, quittant la vallée principale, on parcourt une de ces nombreuses vallées latérales, on est étonné du grand nombre de beaux villages, de hameaux et d'habitations qu'on rencontre à de très petites distances, non seulement dans le fond de ces vallées, mais encore qu'on aperçoit comme perchés à des hauteurs qui paraissent quelquefois inaccessibles, et qui dans tous les cas ne peuvent être atteintes qu'avec beaucoup de temps et de fatigue.

On a peine à se rendre compte des moyens de subsistance de cette population dans un pays qui n'offre que des rocs menaçans et arides ou des forêts ; seulement aux approches des villages on voit ordinairement des prairies assez étendues et qui doivent leur belle verdure aux soins tout particuliers avec lesquels elles sont arrosées. C'est en effet à l'irrigation bien entendue que les Valaisans doivent en grande partie de pouvoir habiter des localités qui sans cela seraient vouées à la stérilité la plus absolue. Mais aussi les soins qu'ils consacrent à cette partie de leur économie agricole sont dignes d'admiration ; on n'épargne ni le travail ni la dépense, et même on s'expose à des dangers très grands. Pour conduire l'eau fertilisante sur des plateaux isolés et souvent d'une élévation assez considérable au-dessus de la vallée, on est obligé d'aller la chercher à une grande distance et toujours dans une région élevée ; on la conduit alors autant que possible par un canal creusé en terre mais ouvert, ou, à ce défaut, par des conduits en bois, quelquefois en pierre serpentant sur les flancs des vallées ; pour se maintenir au niveau requis, on est obligé de franchir des torrens, des rivières, quelquefois des précipices effroyables (on peut citer l'aqueduc qui traverse la fente au-dessus de la Massa). Quelques-uns de ces acqueducs ont plusieurs lieues de longueur et on les voit quelquefois, formant plusieurs rangées superposées et offrant de longues lignes droites, suivre à perte de vue les pentes escarpées des montagnes.

C'est à cette louable industrie qu'une grande partie du Valais doit les belles prairies qui nourrissent en hiver les nombreux troupeaux qui alpent en été sur les paturages des hautes vallées et qui forment la plus grande richesse du pays. Il serait bien à desirer que cet exemple fut suivi dans les autres Cantons, où la conformation de ce terrain est la même.

Résumé de ce chapitre.

Il résulte de l'aperçu que nous avons donné sur la nature du pays, la configuration du sol, la composition des montagnes et la végétation dans les quatre Cantons qui ont été plus particulièrement le théâtre des évènemens de 1834 et 1839, qu'en général ces quatre Cantons présentent des chaînes de montagnes du premier ordre, encaissant des vallées profondes, qui servent de lits à quatre des principaux fleuves de la Suisse et même de l'Europe: le Rhin, le Rhône, le Tessin et la Reuss et leurs nombreux affluens; que ces fleuves ont tous leurs sources dans des glaciers qui descendent des plateaux de glaces ou de neiges qui existent sur le faîte des chaînes de montagnes en question, ou qui les séparent.

Qu'eu égard à leur nature, ces chaînes appartiennent à-peu-près toutes aux terrains qu'on désignait autrefois par l'épithète de primitifs, mais qu'on appelle actuellement terrains de cristalisation ou même terrains plutoniques: c'est-à-dire qu'elles sont composées de granit en masse ou veiné, de gneiss, de schistes micacés et talquex, de serpentine, de roches amphiboliques, de calcaires grenus, de gypses, de dolomies. Sur un petit nombre de points seulement se montrent les calcaires sédimentaires, qui recouvrent quelques parties de ces chaînes, mais à l'exception de la grande chaîne calcaire qui s'étend sur une grande partie de la frontière septentrionale du Valais, depuis la Dent de Morcles jusqu'à la Jungfrau et de quelques parties des Grisons toutes ces montagnes appartiennent à la classe des roches soi-disant primitives.

Nous avons déjà parlé de l'altération que ces roches éprouvaient par l'action combinée de l'air, du soleil, de l'eau et surtout du gel. C'est en effet le froid qui est l'agent le plus actif de leur destruction. L'eau pénétrant dans les nombreuses crevasses et fissures dont toutes ces roches sont plus ou moins traversées, et venant à s'y congeler pendant les froids assez rigoureux qui règnent en hiver dans ces régions élevées, sépare ces couches, les soulève et les fait éclater. Les roches les plus dures et les plus solides sont ainsi fendues, disloquées et brisées dans tous les sens; des fragmens plus ou moins considérables s'en détachent et sont précipitées jusques dans le fond des vallées, où ils arrivent ordinairement plus ou moins divisés, quelquefois réduits en fragmens innombrables. C'est ainsi que les lits des torrens ou des rivières, les pentes des vallées et les plaines plus ou moins étendues qui en forment le fond, se trouvent quelquefois encombrés de débris, que les eaux entraînent avec elles, lorsqu'elles viennent à grossir.

Lorsque ces chutes de rochers ont lieu dans un vallon, dont le fond est occupé par un glacier, elles y forment ces amas connus sous le nom de *moraines* (Gandecken, Gufferlinien), que les glaciers entraînent avec eux dans leur mouvement progressif, et qu'ils broient et divisent, lorsqu'ils viennent à envahir leurs moraines. C'est ainsi que se sont formés dans presque toutes les hautes vallées des Alpes, ces amas immenses de débris de toutes grosseurs qui couvrent leurs pentes et qui descendent assez souvent presque dans leur fond. On a reconnu, depuis quelques années, que ces amas de gravier et de blocs qui existent dans ces vallons élevés, ou qui forment de longues traînées sur les flancs des montagnes, étaient d'anciennes moraines. Cependant beaucoup de ces amas ont aussi leur origine dans les chutes de rochers dont nous avons parlé, ou sont dues à des éboulemens ou à des inondations plus ou moins anciennes.

Si, lorsqu'on parcourt une vallée alpine, on examine la disposition du terrain, on remarquera que par-tout où les pentes de la vallée ne sont pas formées par des escarpemens abruptes ou des couches continues de rochers à découvert, il existe un talus plus ou moins rapide, formé en grande partie des débris descendus des cimes qui dominent la vallée, ou charriés par les eaux ou par les glaces; que ce talus est ordinairement recouvert d'une couche plus ou moins profonde de terre végétale, sur laquelle la végétation s'est établie, lorsqu'elle n'a pas été contrariée par des causes locales ou par le fait des hommes.

C'est ce talus qui est à proprement parler le siége de la végétation; dans la partie inférieure il est occupé par des prairies, et dans les vallées d'une élévation moyenne par des terrains cultivés; plus haut il est recouvert de forêts que la nature semble avoir destinées à garantir ces pentes des nombreux accidens auxquels elles sont exposées, et à protéger en même temps les parties cultivées et habitées des vallées. Ces forêts s'élèvent souvent à une grande hauteur; elles ne cessent que là où la rigueur du climat et la rareté de l'air s'opposent à leur végétation; au-dessus des forêts commence la région des pâturages d'été ou des *Alpes* proprement dites, et celle-ci se termine avec les limites de la végétation. On sait que ces limites atteignent une élévation assez bien déterminée; dans les Alpes elles montent ou descendent plus ou moins suivant les localités et les expositions plus ou moins favorables; en général elles ne dépassent guère 7500 pieds. Dans les vallées bordées par des chaînes de hautes montagnes, ou qui aboutissent aux chaînes centrales, dont l'élévation va jusqu'à 12 ou 13,000 pieds, il existe donc encore au-dessus des limites de la végétation que nous avons indiquées ne pas dépasser guère au-delà de 7500 pieds, 5000 à 5500 pieds en rochers, glaciers ou neiges éternelles. Dans les contrées qui ont été le théâtre des dévastations dont nous nous occupons, la différence de niveau entre les lieux habités et ceux qui se trouvent dans leur partie supérieure, situés dans le fond des vallées, peut varier de 600, 1000, 1150, 1350, 1800 à 4000 et 5600 pieds. Ainsi dans la vallée du Rhin, *Coire* est à 1840 pieds, *Ciamut*, un des derniers villages, à 4370, *Splugen* à 4640, *Cernetz* à 3120, *Sils* à 5600, *Chiavenna* à 1080, *Cassacia* à 4730, *Fluelen* à 1330, niveau du lac, *Urseren* à 4430, *Locarno* à 640, *Fusio* à 3890, *Bellinzona* à 720, *Bedretto* à 4830, *Martigny* en Valais à 1480, *Sion* à 1790, *Viége* à 1970, *Obergestelen* à 4800, *Zermatten* à 4200, *Saas* à 4550 pieds.

On peut se faire une idée, d'après ces données, des chances auxquelles les vallées et les pentes qui les bordent sont exposées de la part des montagnes qui les dominent, et de l'importance qu'il y a pour le bienêtre des populations qui les habitent à leur conserver les moyens que la nature semble avoir créés dans sa sage prévoyance, pour les garantir jusqu'à un certain point des dévastations auxquelles elles sont sans cesse exposées.

CHAPITRE II.

CAUSES ORDINAIRES DES DÉVASTATIONS DANS LES VALLÉES DES ALPES.

Nous croyons nécessaire de tracer un aperçu des causes incessantes de destruction auxquelles les hautes vallées des Alpes et les forêts qu'elles renferment sont exposées, afin qu'on puisse mieux apprécier les moyens qu'on peut employer pour les en garantir.

CHUTE DE ROCHERS ET DE PORTIONS DE MONTAGNES.

Au premier rang des causes de destruction nous mettrons les chutes partielles ou totales de rochers ou de portions plus ou moins grandes de montagnes qui ne sont heureusement pas très fréquentes, mais qui le sont cependant encore plus qu'il ne le serait à désirer. C'est là un de ces évènemens auxquels l'homme ne peut rien, et devant lesquels il est obligé de reconnaître toute son impuissance. Les effets de ces chutes de montagnes sont quelquefois terribles; ainsi, dans le siècle passé, la chute d'une portion des Diablerets a rempli tout le fond de la vallée de la Derborenze et de la Licerne d'une énorme masse de débris de dimensions considérables. En 1835 une petite portion de la Dent du midi, en s'écroulant sur le glacier situé du côté méridional de cette sommité, a suffi pour dévaster une grande partie du Boisnoir, et a encombré le lit du Rhône d'une masse considérable de débris. Une nouvelle chute, mais moins fâcheuse dans ses effets, a eu lieu en 1840.

Dans les Grisons on a cité l'écoulement qui a eu lieu en 1839, à Felsberg. On pourrait en citer bien d'autres; il n'y a pas, en quelque sorte, de localités dans les Alpes où de temps à autre une chute de rochers ou de portions de montagnes n'ait lieu et ne produise des effets plus ou moins désastreux. Ces chutes, comme nous l'avons déjà dit, sont occasionnées par l'effet de l'action de la décomposition sur les roches qui y sont plus ou moins sujettes, souvent par l'effet du gel, d'autres fois par celui des glaciers qui les poussent et les déplacent; quelquefois aussi par l'effet de la foudre qui plus d'une fois a occasionné des chutes considérables de rochers; d'autres fois par l'action de l'eau sur une couche plus tendre, qu'elle divise, ramollit et dissout peu-à-peu, ce qui occasionne le glissement de masses qui reposaient sur cette couche; c'est ainsi qu'a eu lieu l'éboulement du Rossberg.

Il arrive souvent aussi que les pentes ou les terrains inclinés, composés d'un sol plus ou moins meuble ou incohérent, étant privés de leur couverture végétale, sont minés et ravinés par les eaux pluviales ou les sources qui les pénètrent, et finissent par en détacher des portions plus ou moins grandes. Il n'est pas rare de voir des portions entières d'une montagne ou d'une pente se détacher ainsi et s'abimer dans la vallée.

Ces chutes de terrain sont fréquemment occasionnées par l'érosion des eaux courantes sur la portion inférieure de la pente qui en ronge le pied et lui fait ainsi perdre son point d'appui. Elles sont dues quelquefois aussi à des défrichemens ou à des cultures imprudentes qui ameublissent la terre mal-à-propos et l'exposent à être plus facilement entraînée par les eaux de pluie. Les pluies abondantes et soutenues, ainsi que les violens orages et les trombes d'eau, entraînent fréquemment des portions plus ou moins considérables de terrain dans les vallées alpestres; c'est à cette cause que les ravages des années 1834 et 1839 ont été dûs en grande partie.

AVALANCHES.

Nous arrivons maintenant à un phénomène bien connu et fréquent dans les hautes vallées des Alpes, les avalanches; on sait qu'on en distingue plusieurs espèces.

Les avalanches en masse. Elles se forment sur les pentes plus ou moins rapides. Lorsque la neige est tombée en quantité considérable et que la masse a pris trop d'accroissement pour pouvoir se maintenir sur une pente rapide, alors elle commence à glisser et descend ainsi jusques dans le fond de la vallée, renversant tout ce qui se trouve sur son passage. Lorsque la neige, au lieu de glisser en masse, se divise et se disperse en poussière, alors elle est moins redoutable par sa masse que par la compression de l'air qu'elle occasionne, qui produit souvent des ravages terribles sur les forêts et sur les habitations.

Les avalanches en poussière ne tombent guère qu'en hiver par les grands froids et lorsque la neige a peu de cohérence.

Les avalanches en masse tombent plus volontiers au printemps, lorsque la neige commence à se fondre; elles se détachent alors et se précipitent dans le fond des vallées, en suivant des ravines ou des couloirs qui leur ouvrent un passage naturel; dans ce cas-là leurs ravages ne sont pas considérables; mais lorsque toute la masse de neige, imbibée d'eau pendant le jour, se congèle pendant la nuit et vient ensuite à s'ébranler et à descendre lentement, alors elle entraîne par son poids tout ce qui se trouve sur son passage et occasionne de grands ravages.

Une autre espèce d'avalanches est celle qui se forme par la chute d'une portion de glaciers situés au-dessus de pentes escarpées et quelquefois en surplomb sur le fond de la vallée. Ces chutes de glaciers sont ordinairement déterminées par des crevasses, qui s'ouvrent subitement et isolent ainsi des portions plus ou moins grandes du glacier, qui alors se précipitent dans la vallée en se brisant en mille et mille morceaux et se réduisant presque en poussière. C'est par une chute semblable, qui eut lieu en 1819, que le village de Randa dans la vallée de St. Nicolas, fut détruit en partie.

EFFETS DES VENTS.

Il nous reste à parler maintenant des vents et des orages. On sait que toutes les vallées des Alpes sont exposées à des vents plus ou moins violens et dont la durée est plus ou moins longue et les effets plus ou moins fâcheux pour la végétation et surtout pour les forêts.

Le vent du nord-est, *la bise*, ne règne guère que dans les vallées qui sont dans cette direction; ce vent est souvent très fort, quelquefois très froid, surtout en hiver, mais il est rare qu'il occasionne des dégâts dans les forêts.

Le vent du sud-ouest est un vent qui souffle fréquemment dans nos vallées et qui ordinairement amène la pluie; ce vent cause souvent de grands ravages dans les forêts.

Dans le Valais le vent du midi ou sud-est présente des caractères un peu différens du vent du sud-ouest. Ce vent, qui souffle fréquemment dans la direction de la vallée du Rhône, est quelquefois d'une violence extrême; alors il renverse les plus gros arbres, et en général cause de grands ravages dans les campagnes; mais ce qui le caractérise essentiellement, c'est qu'il est d'une chaleur remarquable; aussi ses effets sur la végétation sont très frappans: il hâte la maturité des fruits, lorsqu'ils ne sont pas à leur terme; il les dessèche et les fait tomber; en général il exerce une influence marquée sur les hommes et les animaux; il ôte les forces, donne de l'agitation, et d'autres fois un grand accablement. Lorsqu'il a soufflé pendant trois à quatre jours de suite, il se termine par de la pluie et ensuite par de la neige qui tombe sur les hauteurs. Ce vent est *le Föhn* des Allemands et *le Sirocco* des Italiens. Dans le Canton de Vaud on le connaît sous le nom de *Vaudaire.* Dans les Grisons on le connaît sous le nom de *Phön, Föhn.* Ses effets sur la fonte des neiges, et même des glaciers, sont très marqués et occasionnent souvent d'assez grands désastres. Lorsque le Föhn a soufflé pendant quelques jours consécutifs, on peut compter de voir s'augmenter sensiblement le volume de tous les torrens et les rivières qui descendent des hauteurs couronnées de glaciers et de neiges éternelles. C'est le Föhn qui au printemps, en ramollissant subitement les couches de neige tombée pendant l'hiver, occasionne la chute des avalanches en masse.

C'est encore le Föhn qui en 1834, après avoir soufflé pendant plusieurs semaines consécutives avec une violence et une chaleur peu commune, avait non seulement fait disparaître des sommités les plus élevées les neiges tombées pendant l'hiver, et peut-être pendant plusieurs hivers, mais avait fini par attaquer les masses même des glaciers et en avait fondu une bonne partie, et qui avait ainsi augmenté considérablement le volume de tous les cours d'eau qui descendent des Alpes au point que, leur lit ordinaire ne pouvant plus les contenir, ils se sont débordés partout et ont inondé tous les terrains qui les bordaient, en les couvrant de pierres de toutes grosseurs, de gravier et de sable.

Nous pensons qu'on peut arrêter là l'énumération des causes de destruction auxquelles les vallées des Alpes sont exposées par le fait des élémens et en général des phénomènes atmosphériques.

DU PARCOURS OU VAINE PATURE.

Il nous reste maintenant à parler des dommages causés par le fait des hommes ou du bétail.

Au premier rang de ces causes de destructions accidentelles nous placerons la vaine pâture ou le parcours du bétail. A peu près dans toutes les vallées des Alpes et même du Jura, dès que le retour de la belle saison a donné l'essor à la végétation, et que les neiges qui couvraient les pentes inférieures des montagnes ont disparu, le bétail est conduit d'abord dans les prairies qui occupent le fond des vallées et qui entourent les villages; ensuite, à mesure que la saison s'avance, dans les pâturages qui sont situés au-dessus des terres cultivées et sous les forêts. Dans la Suisse française on les connaît sous les noms *d'Aprèsmimazots*, *Mayens*, dans la Suisse allemande sous ceux de *Voralpen*, *Vorsatzen*, *Maisassen*. Ce sont ordinairement des propriétés particulières. Enfin, au mois de Juin on réunit les troupeaux pour les conduire dans les pâturages élevés ou *Alpes proprement dites*, où ils restent pendant toute la belle saison et jusqu'à ce que le retour du gel et les neiges précoces obligent à les faire descendre dans les pâturages situés plus bas, pour y rester jusqu'au commencement de Novembre, plus ou moins, suivant les localités.

A peu près toutes les forêts situées au-dessus des pâturages de printemps, *Aprèsmimazots*, *Mayens*, et au-dessous des pâturages d'été ou Alpes, étant des propriétés communales, surtout dans les Cantons qui font plus particulièrement l'objet de ce mémoire, et dans lesquels il n'existe pas des forêts appartenantes à l'état, sont assujetties à la vaine pâture ou *au parcours*. On comprend que ce bétail, qui se jette dans ces forêts et qui s'y réfugie, surtout pendant les chaleurs, ou pour éviter les mauvais temps, doit causer beaucoup de tort aux semis ou aux *recrus* qui peuvent s'y trouver; et en effet, c'est de préférence aux jeunes plants que le bétail s'attache, puisqu'il ne peut pas se nourrir des branches des arbres résineux et que la plupart du temps il ne peut pas y atteindre; mais le dommage que le gros bétail peut causer dans les forêts d'un certain âge n'est pas à comparer à celui qu'il occasionne dans les coupes ou dans les parties de forêts exploitées. Comme ces parties, ainsi que toutes les clairières qui existent dans les bois, ne tardent pas à se gazonner par l'influence de l'air et de la lumière, c'est aussi là que le bétail se jette de préférence, et il est facile de comprendre que s'il s'y trouve des semis ou des *recrus*, ils doivent être promptement détruits ou du moins fortement retardés dans leur croissance par la dent du bétail. Il résulte de là des conséquences très fâcheuses pour la conservation des forêts, car non seulement le bétail détruit à mesure pour ainsi dire toutes les jeunes plantes, mais il empêche à peu près entièrement le repeuplement naturel des terrains exploités.

Si le pâturage du gros bétail est nuisible aux forêts, on peut facilement se faire une idée du mal qui leur est causé par le pâturage des chèvres et même des moutons. Depuis long-temps il est bien reconnu en Suisse que les chèvres contribuent, au moins autant que la mauvaise économie forestière, à dévaster les forêts; en effet, si quelque chose peut encore échapper à la dent du gros bétail, rien n'est à l'abri de celle des chèvres, qui pénètrent partout jusque dans les endroits les plus inaccessibles, et qui dévorent avec une avidité incroyable toutes les jeunes plantes et les pousses des arbres en pleine croissance; aussi le mal qu'elles font aux forêts est incalculable. En Valais, dans le Tessin et dans le Canton d'Uri, les troupeaux de ces animaux destructeurs sont innombrables, et aucune mesure n'a été prise pour arrêter leurs ravages et pour les empêcher de pâturer dans les coupes et les bois non défensables. J'ai lieu de croire qu'il en est de même dans les Grisons; cependant on trouve dans la statistique de Mrs. Tscharner et Röder que dans plusieurs communes les règlemens déterminent le nombre de chèvres qu'un ménage peut avoir sur les pâturages communaux.

Il faut lire dans les divers ouvrages que Mr. Kasthofer a écrit sur les forêts des Alpes tout ce qui a rapport au pâturage des chèvres et au tort qu'elles causent aux forêts pour se faire une idée juste de tout le mal qu'elles font. A côté des inconvéniens qui résultent pour les forêts du pâturage des chèvres pendant une grande partie de l'année, les branches, les pousses des jeunes arbres et la feuille qu'on récolte pour la nourriture d'hiver deviennent encore une source de dévastation pour les forêts, dans lesquelles on coupe sans discernement et sans aucune prévoyance une quantité de bois, de branches et de jeunes pousses au détriment des arbres sur pied et surtout de la jeunesse.

Dans plusieurs contrées des Alpes et principalement dans les hautes montagnes des Grisons, une grande partie des pâturages d'été est affermée à des bergers Bergamasgues, qui y conduisent de nombreux troupeaux de moutons, et bien que ces pâturages soient en général au-dessus de la région des forêts, il n'en est pas moins vrai que, soit en y allant, soit en retournant en Italie, ces troupeaux causent assez de dégâts dans les bois qu'ils traversent; mais ce genre de pâture a un inconvénient réel en ce qu'il tend à détériorer les pâturages;

les moutons broutent l'herbe très près de terre, et par leur constant piétinement ils transpersent le gazon, le divisent et le rendent plus accessible aux intempéries des saisons et à l'action du gel et de la chaleur, ensorte qu'on a remarqué que partout où les moutons pâturaient dans les hautes Alpes, les pâturages en éprouvaient une diminution sensible.

Ensuite les moutons se jettent avec avidité au printemps sur les jeunes plantes ligneuses dans les forêts où on les conduits pour y trouver quelque nourriture.

ÉCONOMIE FORESTIÈRE.

Après avoir exposé les diverses causes de dégât auxquelles les forêts sont exposées de la part du bétail, nous devons parler des dommages qu'elles éprouvent par le fait même de la main des hommes.

Nous placerons ici en premier lieu le mode fautif d'exploitation généralement admis.

Du jardinage ou furetage dans les forêts et de ses effets.

Ce genre d'exploitation est très probablement celui qui a été le plus anciennement en usage. Il consiste à choisir parmi les arbres d'une forêt ceux qui conviennent le mieux à l'emploi auquel on les destine. On comprend qu'on est obligé pour cela de faire quelques recherches, de là le mot de *fureter*.

L'expression allemande de *femeln*, ou plutôt de *pläntern* exprime à peu près la même chose. Aussi long-temps que les besoins ne sont pas considérables et que par conséquent ils ne consistent qu'en un petit nombre de plantes, ce mode offre peu d'inconvéniens, parceque ces plantes prises çà et là n'occasionnent pas un vide sensible dans la forêt; mais à mesure que les besoins augmentent et qu'ils exigent un plus grand nombre de plantes, on comprend qu'on est obligé de parcourir une plus grande étendue de la forêt pour se les procurer; alors les inconvéniens de ce genre d'exploitation se font mieux sentir et finissent par devenir très graves.

D'abord la forêt se trouve en état de coupe dans toute son étendue, et cependant nulle part ces coupes ne sont disposées de manière à favoriser le repeuplement du terrain exploité.

En effet pour que le repeuplement puisse avoir lieu, il faut que les jeunes plantes puissent jouir d'abord de l'influence de l'air et du soleil, et ensuite qu'elles soient convenablement abritées pendant les premières années; or dans une forêt jardinée les vides ne sont jamais bien grands; les jeunes plantes se sèment et prennent leur essor, mais ensuite leur croissance est fortement retardée par l'ombre trop épaisse que leur procurent les arbres qui les entourent, et souvent elles sont en quelque sorte étouffées et n'ont qu'une végétation languissante jusqu'au moment ou de nouveaux abattis viennent leur donner le jour qui leur manquait. On peut donc poser en fait que les plantes sont fortement retardées dans leur croissance, et cela est si vrai qu'une expérience très longue m'a constamment fait voir des plantes qui jusqu'à 60 et même 80 ans n'arrivent pas en tout 2 à 3 pouces de diamètre, et qui pendant les 40 à 60 années suivantes avaient acquis tout leur développement.

Il résulte de ce retard dans l'accroissement des plantes, pendant les deux à trois premières périodes de leur croissance, une perte très sensible dans la proproduction de la forêt; car il est bien évident que, si les jeunes plantes avaient pu prendre leur essor et suivre sans contrainte la marche qui leur est assignée par la nature, elles auraient acquis un développement quadruple de celui qu'elles ont pu acquerir sous la *gouttière* des grosses plantes. Cet inconvénient n'est pas le seul; l'absence de jeunes plantes et de plantes de moyen âge, qui a généralement lieu dans les forêts jardinées, en est un autre très réel, et c'est à cela que la dégradation croissante des forêts jardinées doit surtout être attribuée.

Mais à côté de ces inconvéniens très majeurs et qui, dans tous les pays où les forêts sont aménagées d'après les principes d'une bonne économie forestière, ont engagé à y renoncer, on doit cependant reconnaître que dans les pays de montagnes exposés aux avalanches, aux éboulemens sur des côtes arides et tournées au midi, le *furetage* est encore moins nuisible à la conservation des forêts que les coupes rases, qui ont été introduites dans les Alpes depuis un certain nombre d'années par les accapareurs de bois, mais surtout par les bucherons tyroliens. Ce genre de coupe a eu des résultats déplorables pour les forêts des Alpes; non seulement des pentes plus ou moins étendues, des côtes et des croupes de montagnes, mais des vallées entières ont été ainsi dépouillées des forêts qui les garantissaient contre les avalanches et les effets du froid et surtout contre les ravages des pluies et des torrens. Ce qu'il y a de fâcheux c'est qu'il n'est pas facile, et que même le plus souvent il est absolument impossible de réparer ces dévastations. A peine l'exploitation est-elle achevée, qu'on y conduit le bétail et ordinairement les chèvres, qui se jettent avec avidité sur les jeunes plantes ou les rejets de souches d'essences feuillues, et détruisent ainsi toute espérance de repeuplement; l'action du soleil, l'air, le froid et les eaux achèvent d'enlever tout ce qui reste de végétation et souvent même de sol; et un terrain productif et qui recouvrait une riche végétation se trouve voué à une stérilité presque absolue pour de longues années.

C'est de cette manière que bien des vallées des Alpes ont été dépouillées des forêts qui faisaient leur richesse et qui assuraient les besoins de leur habitans. Si on n'y met ordre promptement, le mal deviendra bientôt irréparable.

A côté des coupes *en jardinant* et des coupes *rases* il faut encore mettre les exploitations faites en quelque sorte au hasard et selon le caprice des particuliers qui ont besoin de bois et qui le prennent non pas là où une bonne économie exigerait qu'il fût coupé, mais dans l'endroit qui se trouve le plus à leur portée et le plus voisin du lieu où le bois doit être mis en oeuvre. De cette manière on peut dire qu'on entame les forêts dans toute leur étendue et qu'on gaspille leurs produits. Ces coupes partielles ont non seulement pour effet de disséminer les exploitations, mais de nuire sensiblement au repeuplement des bois, parceque dans les trouées qu'on occasionne de cette manière dans le massif, le repeuplement ne se fait jamais qu'imparfaitement et souvent pas du tout.

Dans beaucoup de communes des Alpes, si ce n'est dans toutes, l'exploitation des bois accordés aux particuliers dans les forêts communales est laissée entièrement à leur bon plaisir, ensorte qu'ils coupent ces bois, quand et comment cela leur convient le mieux.

On pourrait encore mettre au nombre des fléaux qui ravagent les forêts, les incendies causés par la foudre ou la négligence; on trouve dans bien des Cantons de montagnes, et notamment au Valais, de vastes étendues de forêts qui ont été détruites de cette manière.

CHAPITRE III.

PROPRIÉTÉ, LÉGISLATION ET POLICE FORESTIÈRE DANS LES CANTONS DÉVASTÉS.

Il s'agirait maintenant d'examiner quelle est l'état de la législation forestière dans les Cantons qui sont l'objet de ce mémoire, et en général quel est le mode d'administration suivi par l'état, les communes et les particuliers à l'égard de la jouissance et de la conservation de leurs forêts.

CANTON DES GRISONS.

Dans les Grisons toutes les forêts appartiennent sans exception aux communes ou à des corporations ou aux particuliers; l'état n'en possède point. Jusques en 1836 ces deux classes de forêts n'ont été soumises à aucune espèce de surveillance officielle de la part de l'état. Le 22 Juin 1836, le Grand Conseil rendit un décret portant qu'il serait établi un inspecteur forestier pour tout le Canton, qui visiterait toutes les forêts du Canton et les diviserait en deux classes. La première classe comprendrait les forêts, dont l'exploitation désordonnée ou la coupe totale pourrait entraîner quelque danger prochain ou éloigné pour les routes, les digues et toute espèce de propriétés communales ou particulières. La seconde classe comprendrait celles dont un meilleur aménagement serait à désirer, mais dont cependant l'exploitation ne peut entraîner aucun danger dans le sens indiqué plus haut.

Les forêts de la première classe ne pourront être exploitées que par autorisation du Petit Conseil et après une inspection spéciale.

Le Petit Conseil pourvoira à ce que des instructions sur le mode d'aménagement et de repeuplement des forêts de cette classe soient données aux propriétaires.

Le Petit Conseil n'exerce sur les forêts de la seconde classe aucune autre surveillance que celle qu'il a le droit d'exercer sur les forêts en général.

A la suite de ce décret a paru en 1839 une ordonnance forestière pour le Canton des Grisons, qui place les forêts sous la surveillance d'un inspecteur cantonal et de deux inspecteurs de district, dont la vocation essentielle est

1) de donner aux communes, à leur requisition, toutes les directions et instructions dont elles pourraient avoir besoin quant à l'économie et à l'aménagement de leurs forêts;
2) de les encourager à établir des pépinières et à élever de jeunes plantes, pour regarnir les vides de leurs forêts;
3) de diriger les exploitations et les cultures;
4) de les encourager et de leur aider dans la liquidation des servitudes de leurs forêts;
5) de lever les plans des forêts et d'en déterminer la portée.

Les autorités communales sont invitées à formuler sous la direction de l'inspecteur cantonal des règlemens pour l'économie et la jouissance de leurs forêts.

La cinquième section contient plusieurs mesure de conservation et de police pour les forêts.

La sixième section prescrit des peines pour ceux qui auront coupé ou vendu des forêts de la première classe, sans l'autorisation du conseil d'état. L'amende est de 30 Kr. à 3 Fr. par plante ou par 10 toises de terrain exploité suivant la grosseur du bois.

Ce sont les autorités communales qui sont chargées de la poursuite des délits et de la perception des amendes, chacune dans leur ressort.

En 1838 il a paru un règlement de flottage qui prenait des mesures de police concernant le flottage des bois et leur dépôt.

Quoique ces dispositions législations ne constituent pas un code forestier complet, surtout sous le rapport de la pénalité, cependant on doit reconnaître qu'elles sont toutes combinées avec discernement et dans l'intérêt de la conservation des forêts et de l'amélioration de leur économie; il faut espérer qu'elles reçoivent leur exécution sans opposition de la part des communes ou des autres propriétaires de forêts, et que les terribles événemens des années 1834 et 1839 auront suffisamment démontré la nécessité de s'appliquer à conserver les bois sur les pentes des montagnes et le long des cours d'eau, pour qu'on se soumette avec empressement aux vues sages du législateur.

CANTON D'URI.

Le *Landbuch*, ou recueil officiel des lois du Canton d'Uri, renferme à la page 46 du deuxième volume une loi forestière divisée en plusieurs chapitres et qui est assez complète et paraît propre aux usages et aux besoins du pays.

Les forêts sont déclarées propriétés du pays, ainsi que les pâturages; elles sont divisées en quatre classes: 1) Les forêts de l'état, destinées soit à l'entretien des bâtimens cantonaux, des ponts, digues et chaussées, soit à servir d'abri aux voies publiques; elles sont au nombre de 25.

Les seconde, troisième et quatrième classes comprennent les forêts bannisées des communes et celles qui servent aux divers usages des communes, soit pour abri des pâturages et autres besoins.

Les chapitres suivants contiennent plusieurs dispositions de police très sages, auxquelles toutes les forêts sont soumises; il y a ensuite des règlemens particuliers pour quelques forêts principales.

Les particuliers qui ont besoin de bois de construction doivent le demander aux autorités communales et le faire marteler.

L'exportation du bois de chauffage est permise moyennant certaines réserves.

La grosseur, soit le diamètre auquel on peut couper un arbre est fixée en minimum à un pied.

Les communes doivent avoir des gardes-forêts; mais à part les mesures générales de police, la loi ne contient aucune prescription concernant l'aménagement des forêts.

CANTON DU TESSIN.

Il paraît que dans le Canton du Tessin l'état ne possède pas de forêts et qu'elles sont toutes ou propriétés communales, ou propriétés des corporations ou des particuliers. Il existe, à ce qu'il paraît, aussi des règlemens et ordonnances forestières communales.

Le manuel du citoyen ticinois par Franscini renferme, page 286, une loi du 28 Mai 1808, qui contient quelques dispositions de police sur la vente des coupes de bois dans les forêts communales. L'art. 4 de cette loi accorde à tous ceux qui pourraient prouver que la coupe d'une portion de forêt peut porter préjudice aux habitations et aux terres cultivées, soit en donnant lieu à des avalanches, à des éboulemens ou à tout autre dommage grave, le droit de mettre opposition à la vente dans le terme de 15 jours.

En cas de refus de la part des autorités locales d'obtempérer à la réclamation, il y a recours au Gouvernement.

Une loi de la même date prescrit diverses formalités pour le flottage des bois.

On trouve dans les deux volumes, pages 1 à 4, une loi du Juin 1837, qui n'est qu'une confirmation et une complète répétition de la loi du 28 Mai 1808; elle renferme aussi diverses dispositions quant au flottage des bois, mais on n'y trouve rien qui ait trait à l'aménagement et à l'économie des forêts proprement dites.

Il paraît qu'on s'occupe actuellement au Tessin d'élaborer un code forestier, mais le projet qui m'a été communiqué m'a paru laisser beaucoup à désirer sous le rapport forestier proprement dit.

CANTON DU VALAIS.

En Valais les forêts sont, à-peu-près sans exception, la propriété des communes ou des corporations religieuses et des particuliers; l'état n'en possède point.

Comme le Gouvernement a exercé jusqu'à présent peu d'influence sur le régime intérieur des communes, on ne doit pas être étonné d'après cela qu'il n'ait pas pourvu plus tôt par des lois ou des règlemens généraux à l'économie et à la police des forêts.

Le premier acte de l'autorité administrative concernant les forêts qui soit parvenu à ma connaissance, est un arrêté du Conseil d'état du 1 Août 1827 qui défend toute exploitation dans les forêts communales autre que pour les besoins de la commune elle-même et de ses ressortissans, sans la permission du Conseil d'état, sous peine de confiscation du bois et d'une amende de 20 à 200 Fr.

Il ne pourra être fait de coupes excédans 30 toises de 6 pieds, soit 1080 pieds carrés, dans les forêts de haute futaie des particuliers sans l'autorisation du Conseil d'état.

Le 19 Décembre 1827, la Diete du Valais rendit une loi sur la vente des forêts, la coupe, le flottage et l'exportation des bois.

L'art. premier de cette loi défend toute vente et toute coupe dans les forêts communales, sauf celles qui ont lieu pour les besoins des habitans, sans autorisation du Conseil d'état.

Cette autorisation ne sera accordée qu'aux communes qui ne possèdent pas une étendue de forêts évaluée à 15 *seiteurs* pour chacun de leur ménages, non compris les bois de ban et de réserve. On pourra, après examen préalable, accorder aux communes la faculté de vendre ou d'exploiter des forêts qui auront été reconnues ne pouvoir jamais être de quelque usage pour les habitans, ou ne pouvoir porter aucun préjudice aux routes et aux propriétés publiques ou particulières. Dans les forêts particulières on ne pourra couper plus de 100 toises de 6 pieds, ou moules, sans l'autorisation du Conseil d'état.

Il ne sera accordé chaque année de permis d'exportation que pour 3000 moules provenant des forêts communales et 1500 provenant des particulières.

Toutes les autres dispositions de cette loi sont relatives au flottage et à l'exportation des bois.

Un arrêté du 4 Février 1828 reproduit toutes les dispositions de la loi du 19 Décembre. Une seconde loi du 7 Mai 1829 contient quelques dispositions additionnelles sur l'exportation des bois.

Le 18 Décembre 1832, la Diète du Valais a rendu une troisième loi sur la coupe et le flottage des bois ; l'art. premier de cette loi défend pendant le terme de dix ans, à dater du 1 Janvier 1833, toute exportation de bois à l'étranger autre que celle des bois déjà abattus ou endommagés par l'effet d'un ouragan, d'un incendie ou autres accidens de ce genre. Cette loi reproduit d'ailleurs toutes les dispositions de la loi du 19 Décembre 1827.

Les présidens de dixains et de commune, les agens des ponts et chaussées, les employés aux douanes et la gendarmerie sont chargés de l'exécution de cette loi.

Enfin une loi additionnelle du 20 Décembre 1836 fixe à 1200 moules la quantité de bois de construction, d'échalas et charbon, provenant de forêts particulières qui pourront être exportés.

Cette loi renferme aussi quelques dispositions concernant la consommation en bois et charbon des usines valaisanes.

Les actes législatifs ou administratifs concernant les forêts qui pourraient avoir été promulgués dès lors ne sont pas parvenus à ma connaissance. On voit par là que les dispositions législatives et administratives sur les forêts ne manquent pas en Valais, mais sont-elles suffisantes et sont-elles observées? C'est là ce qui me paraît tout au moins douteux.

La défense de couper ou de vendre des forêts communales sans l'autorisation du Conseil d'état est sans doute quelque chose, mais elle peut tout au plus retarder un peu la dévastation des forêts sans l'empêcher entièrement. J'ai lieu de croire qu'elle peut-être facilement éludée, car l'exception faite par l'art. premier de la loi du 18 Décembre 1832 en faveur des bois abattus par des ouragans, des incendies, des avalanches etc. en fournit un bon moyen.

D'ailleurs les diverses lois et arrêtés ne parlent d'aucun agent forestier et n'en créent d'aucune espèce; il y a donc lieu de croire qu'il n'en existe point dans ce pays-là; or tant que les forêts n'y seront pas l'objet d'une administration spéciale et éclairée, on ne peut guère espérer de les voir soumises à une meilleure économie. Il y a cependant urgence à cela; le Valais renferme d'immenses forêts, une grande partie a déjà été plus ou moins attaquée, quelques-unes même ont été détruites; mais il y en a encore d'intactes, et il faudrait tâcher de les conserver.

CHAPITRE IV.

MOYENS A EMPLOYER POUR ARRÊTER LES DÉVASTATIONS SIGNALÉES OU POUR Y PORTER REMÈDE.

DES TRAVAUX HYDRAULIQUES.

Après avoir exposé en détail la nature et les causes des ravages occasionnés par les eaux dans les Cantons des Grisons, du Tessin, d'Uri et du Valais, il nous reste maintenant à émettre une opinion sur les moyens qui pourraient être employés et les mesures qui devraient être prises pour empêcher, autant que cela est au pouvoir des hommes, les effets désastreux de pareilles calamités. La nature même des dégâts nous indique la classification la plus naturelle de ces mesures.

Les eaux étant la cause essentielle du mal, c'est surtout vers cet agent destructeur et sur les meilleurs moyens de le contenir et d'atténuer des effets que doit d'abord se porter notre attention.

Après les ravages causés par les eaux on peut placer ceux qui sont occasionnés par les éboulemens et le glissement de terrain, les chutes de pierres et de portions plus ou moins considérables de rochers; mais on sait que ces ravages, quoique très considérables quelquefois, ne s'étendent jamais fort loin, à moins que l'action des eaux ne s'y joigne pour porter au loin leurs effets désastreux.

Les dommages causés par la chute des neiges ou les avalanches sont quelquefois très considérables aussi.

Enfin nous avons démontré que c'était à la destruction croissante des forêts qu'il fallait attribuer la plus grande partie des effets désastreux des agens que nous avons signalés; car les eaux ne deviennent réellement redoutables que, lorsqu'elles sont réunies en grandes masses, sur lesquelles le pouvoir des hommes reste sans effet, parcequ'il ne peut leur opposer aucune espèce de barrières assez forêts pour arrêter leur marche ou seulement pour la contenir.

Tout ce qui a rapport à la correction du lit des torrens et des rivières ou des fleuves, à la construction des digues, parapets, ou autres moyens à employer pour donner à leur cours une meilleure direction ou pour les maintenir dans leur lit, étant du ressort de l'ingénieur hydraulique, sort absolument de notre genre de connaissances et ne doit pas nous occuper. Le Comité de secours a déjà pourvu à cette partie en chargeant d'habiles ingénieurs, et notamment Mr. Negrelli, de parcourir les Cantons dévastés, de projeter un plan de travaux et de donner aux Communes et aux Gouvernemens intéressés les directions nécessaires.

Il ne nous reste donc à cet égard d'autre opinion à émettre que celle que ces travaux soient entrepris d'après un plan général et dirigés par des hommes du métier, afin d'éviter les inconvéniens très graves, qui peuvent résulter pour le pays, de travaux mal entendus, sans parler du mal déjà très grand de dépenses considérables, perdues ou rendues inutiles.

La seule partie de ce genre de travaux dont nous aurions à nous occuper ici est celle qui a pour but le boisement des berges de ruisseaux et de rivières, qu'on n'abandonne que trop souvent à l'imprévoyance des habitans des environs. La plupart des torrens des Alpes sont bordés par une ceinture plus ou moins large de saules, d'aunes, de frênes, quelquefois d'érables, de sapins; cette lisière d'arbres affermit leur berge et l'empêche de se dégrader lors des débordemens du torrent. Il importe, sous tous les rapports, de conserver soigneusement cette bordure d'arbres et d'empêcher qu'on ne l'attaque imprudemment ou qu'on la détruise par des coupes trop fortes. Là où elle aurait disparu, il convient à tous égards de chercher à la rétablir par des plantations d'arbres analogues à ceux qui croissaient auparavant sur les berges dénudées. C'est un puissant moyen de s'opposer au charriage des rivières.

Des mesures de police forestière devraient être prises pour empêcher la destruction des lisières boisées qui bordent les torrens et les rivières, tout au moins, sur une largeur de cinq toises et pour le rétablissement de celles qui ont été détruites.

On a vu que Mr. Negrelli avait émis dans son rapport de 1839 le voeu qu'une lisière assez large fût réservée pour être mise en nature de bois le long des torrens et rivières.

Les eaux deviennent fréquemment la cause des glissemens ou éboulemens de terrain, lorsqu'en pénétrant le sol plus ou moins profondément elles le ramollissent, détruisent sa cohérence, et finissent par déterminer le glissement ou même l'éboulement de portions plus ou moins étendues de terre et de gravier. C'est surtout sur les pentes formées par des amas de gravier, de cailloux et de débris que ces déchiremens sont à craindre et que leurs effets deviennent redoutables pour les terres inférieures et pour les cours d'eau, qu'ils encombrent de leurs débris et dont ils rendent alors l'action destructive.

On doit donc porter une attention toute particulière à détourner par des fossés, ou des conduits, les eaux qui s'infiltrent dans les terrains de cette nature, conserver avec soin les arbres et arbustes qui les couvrent, sauf dans le cas où des tiges trop élevées pourraient par leur poids contribuer à ce déchirement du terrain, et chercher à regarnir par des plantations convenables les portions de pentes déjà dénudées.

Quant à l'effet des eaux soit de pluie, soit provenant de la fonte des neiges, soit de sources qui s'écoulent sur les pentes et les flancs des vallées, il ne peut y avoir aucun inconvénient, lorsque ces pentes sont boisées; c'est donc vers la conservation des forêts que doit tendre toute notre attention.

CHAPITRE V.

DES FORÊTS ET DE L'ÉCONOMIE FORESTIÈRE DANS LES CANTONS DÉVASTÉS.

Ce que nous avons à dire sur les forêts peut se diviser en quatre chefs principaux.

L'aménagement des forêts.

L'exploitation.

Le repeuplement des bois ou la culture forestière.

Les mesures de police à prendre pour assurer la conservation des forêts existantes, et empêcher leur dégradation ultérieure.

(Les mesures à prendre pour reboiser les parties dévastées.)

DE L'AMÉNAGEMENT DES FORÊTS.

On comprend sous cette dénomination le système qui a été adopté pour régler l'économie et la jouissance d'une forêt depuis le moment où les arbres sortent de terre jusqu'à celui où on les abat pour en tirer parti. L'aménagement a donc pour but d'assigner à chaque forêt le système d'économie qui convient le mieux à la nature des arbres dont elle se compose et au parti qu'on veut en tirer. Il comprend par conséquent toutes les opérations forestières qui ont trait à l'éducation des arbres, à leur meilleur développement, à leur exploitation et à leur reproduction. L'aménagement d'une forêt peut varier suivant le but qu'on se propose; en général on distingue deux modes principaux d'aménagemens: celui des futaies et celui des taillis. Notre intention n'est aucunement de présenter ici un traité de l'aménagement des forêts, cela sortirait des limites que nous nous sommes imposées, et nous devons nous borner à émettre quelques considérations générales sur l'importance de l'aménagement, et à indiquer en gros le système qui nous paraît le mieux convenir aux forêts qui sont l'objet de ce travail.

D'après la définition que nous venons de donner de l'aménagement, on comprendra de quelle importance il doit être pour chaque forêt en particulier et pour toutes les forêts d'une contrée en général; en effet le plan d'aménagement doit fixer non seulement le terme de la rotation entière de la forêt, mais aussi l'époque à laquelle chaque partie de la forêt peut et doit être exploitée; il doit déterminer surtout la quantité de bois qu'on pourra prendre annuellement dans la portion en exploitation de la forêt, ainsi que celle qu'on peut espérer de retirer comme produit total. Il doit aussi indiquer la succession des coupes, c'est-à-dire par quelle portion de la forêt commenceront les exploitations, quelle partie on exploitera ensuite et successivement jusqu'à la fin de la rotation. Il doit indiquer en outre quelles sont les précautions et les règles à suivre pour assurer le repeuplement des parties exploitées et pour suppléer par des cultures à l'insuffisance des semis naturels. On voit par-là qu'un bon plan d'aménagement est tout aussi nécessaire à la bonne économie et à la conservation d'une forêt, qu'un plan bien établi et bien arrêté est nécessaire pour l'édification d'une maison ou d'un bâtiment quelconque; mais tout comme un bon plan de bâtiment ne peut être établi que par un bon architecte, de même pour faire un bon plan d'aménagement, il faut avoir des forestiers instruits de leur métier, et qui aient fait une étude approfondie de la nature de la forêt dont ils ont à s'occuper et des besoins auxquels elle doit satisfaire.

On a vu plus haut qu'à l'exception du Canton des Grisons, où il paraît qu'il existe des forestiers de profession et desquels on peut attendre par conséquent qu'ils s'occuperont de règler l'aménagement des forêts confiées à leur surveillance, il ne paraît pas qu'on en trouve dans le Canton d'Uri, encore moins dans le Tessin et en Valais; d'après cela il serait tout-à-fait superflu de vouloir mettre pour condition première de la conservation des forêts de ces trois derniers Cantons, qu'elles seront soumises à un plan d'aménagement régulier, puisqu'on y trouverait probablement bien peu de personnes à même d'entreprendre un pareil travail. D'ailleurs, si en général ce n'est pas chose facile que de régler l'aménagement d'une forêt située en plaine, ou seulement dans nos vallées inférieures, ou même dans les parties les plus accessibles de notre Jura, on peut se faire aisément une idée des difficultés sans nombre que doit offrir une pareille opération dans les hautes vallées des Alpes, dans des régions élevées, éloignées des habitations, d'un accès pénible, et surtout au milieu de populations en général opposées et même hostiles à toutes espèces d'innovations, et bien plus encore quand elles ne pourront pas se dissimuler que les changemens que l'on veut introduire tendent à diminuer ou à restreindre leur jouissance et surtout à contrarier leurs habitudes.

Déjà à part le manque absolu de personnes du métier, une des conditions premières d'un plan régulier d'aménagement, un plan géométrique de la forêt, manquera à-peu-près partout. Dans un pareil état de choses le seul parti qui reste à prendre est de poser quelques bases propres à régulariser, jusqu'à un certain point, l'aménagement et l'exploitation des forêts de montagnes.

La première base à poser est celle de déterminer auquel des deux modes d'aménagement, des futaies ou des taillis, nous avons à donner la préférence. A l'exception des vallées inférieures du Tessin, où il existe beaucoup de bois feuillu, et où par conséquent l'aménagement des taillis peut-être appliqué avec quelque avantage, et où il existe déjà dans plusieurs localités, la plus grande partie des forêts des hautes vallées des Alpes dans les Cantons en question, sont boisées essentiellement d'essences résineuses, et par conséquent ne peuvent pas comporter un autre mode d'aménagement que celui des *hautes futaies*.

La seconde base à poser c'est la fixation de la durée de l'aménagement ou du nombre d'années nécessaire pour faire le tour de la forêt.

Ce point est important, parceque nous obtenons par-là une mesure plus ou moins approximative de l'étendue que nous pourrons donner à nos exploitations et de la quantité de bois que nous pourrons en retirer. Ainsi si nous avons pris 100 ans pour terme de notre aménagement, et que notre forêt ait une étendue de 100 poses, nous saurons que nous aurons une pose à exploiter par an, en supposant que la *productibilité* de la forêt soit la même dans toute son étendue. D'un autre côté il devient évident par-là que, si nous exploitons par année au-delà d'une pose, nous ne pourrons pas atteindre le terme de notre aménagement, et que par conséquent nous couperons trop.

La fixation du terme de la rotation de la forêt dépend du plus ou moins de rapidité de l'accroissement des arbres dans la localité dont il s'agit, circonstances qui sont dans un rapport immédiat avec le climat et la situation de la forêt, ou son élévation au-dessus de la mer. Elle dépend aussi du but qu'on se propose; si la forêt doit produire des bois de construction d'une dimension déterminée, l'on sait qu'il faut faire durer l'exploitation le temps nécessaire, pour que les arbres puissent atteindre cette dimension-là.

D'un autre côté on sait que les arbres parvenus à une certaine époque de leur croissance, ne végétent plus avec la même vigueur, ou que leur accroissement annuel n'est plus aussi fort, il convient donc, pour en obtenir le meilleur produit possible, de ne pas leur laisser passer le terme où leur accroissement diminue.

Il convient aussi de ne pas adopter pour terme de la rotation un nombre d'années tel que les arbres soient trop vieux pour donner de la graine productive. Voici en général l'âge auquel on peut fixer avec avantage le terme de l'aménagement dans les forêts des hautes Alpes:

Sapin rouge	120 à 200 ans.
Melèze	100 à 180 »
Arole	140 à 200 »
Hètre et Erable	120 à 140 »

Autant que possible il sera plus convenable d'adopter un terme long qu'un terme trop court; les forêts de montagne sont exposées à un si grand nombre de chances qu'il vaut mieux ne pas courir le risque de faire des coupes trop fortes.

Après avoir fixé le terme de la rotation de la forêt, il faut procéder à en faire l'inventaire, afin de s'assurer exactement de la quantité de bois qu'elle renferme et de pouvoir régler là-dessus ses exploitations dans les forêts de la plaine et qu'on veut soumettre à un aménagement régulier. Pour procéder avec ordre à cet inventaire, on forme autant de *Classes* qu'on aura admis de *Périodes* comme subdivisions de l'aménagement de la forêt.

Les périodes sont ordinairement de 20 ans, et on subdivise celle qui doit être exploitée la première en deux décennies; les classes du boisé qui se rapportent à ces périodes sont aussi de 20 ans, c'est-à-dire qu'on met dans la première les bois de 1 à 20 ans, dans la seconde ceux de 21 à 40, dans la troisième ceux de 41 à 60, ainsi de suite. En revanche l'ordre qu'on suit dans la classification des périodes est inverse, c'est-à-dire qu'on place dans la première les bois les plus âgés, ou ceux dont l'exploitation doit avoir lieu dans les premières vingt années; dans la seconde ceux qui doivent être exploités immédiatement après ceux-là, ainsi de suite.

Ce n'est guère que dans des forêts qui ont été exploitées depuis long-temps d'après un plan régulier et dans les principes d'une économie forestière bien entendue, qu'on peut espérer de trouver une succession assez régulière dans l'âge des différentes classes du bois exploité, pour que la proportion se trouve à-peu-près la même pour chaque classe, c'est-à-dire que, si la forêt contient 100 poses et qu'on ait formé cinq classes de bois de 20 ans chacune, il se rencontre précisément 20 poses de bois de l'âge de 1 à 20 ans, 20 poses de bois de 21 à 40 ans et ainsi de suite; ordinairement il y a toujours des différences très notables dans la proportion des différentes classes; pour les faire disparaître et égaliser autant que possible la répartition du boisé entre les diverses périodes de la rotation, on opère des transmutations d'une classe dans une autre, ou espèce de nivellement entre les périodes, de manière à obtenir une répartition aussi égale que possible.

On sentira aisément qu'il ne peut pas être question de semblables opérations dans les forêts qui nous occupent, qui, ayant presque toujours été jardinées depuis longtemps, n'offrent aucune succession régulière dans la composition de leur boisé, et sont presque sans exception peuplées d'arbres de tous les âges et de toutes les dimensions. Il s'agit donc maintenant de rechercher quel est le système d'aménagement qu'on doit chercher à introduire dans le but de régulariser l'économie des forêts des hautes vallées des Alpes et d'assurer leur conservation, tout en cherchant à les mettre en état de subvenir aux divers besoins des communes et de leurs ressortissans.

Nous nous sommes attachés dans le chapitre II de ce mémoire à faire ressortir les inconvéniens qui résultaient pour les forêts du mode d'exploitation connu sous le nom de *furetage* ou de *jardinage*, qui est généralement usité dans les forêts dont nous nous occupons, à l'exception toutefois des portions de ces forêts qui depuis un certain nombre d'années ont été malheureusement exploitées par coupes *rases* par des entrepreneurs avides. Nous devons néanmoins reconnaître que ce mode, tout vicieux qu'il est, et quelle que soit la défaveur dont il jouit chez les forestiers instruits, est encore infiniment préférable aux exploitations par coupes *rases* qu'on lui a substitué dans beaucoup d'endroits, et que même il doit être maintenu dans la plupart des hautes vallées, à raison de l'importance de ne jamais mettre complètement à nu le terrain sur des pentes rapides et rocailleuses, exposées à toutes les causes de dévastation que nous avons indiquées. Cette vérité a été reconnue par des forestiers habiles, et je citerai notamment le célèbre Cotta qui le recommande expressément dans les trois ouvrages qu'il a publiés. Je crois donc que toutes les forêts situées dans le haut des vallées et sur des pentes rapides exposées aux éboulemens, aux chutes de pierres et aux avalanches doivent rester sous le régime du *furetage*, et qu'on ne doit soumettre à un aménagement régulier que les forêts situées dans les vallées inférieures et qui n'ont pas les mêmes chances à courir.

Cependant tout en conservant ce mode d'exploitation, il est nécessaire de chercher, autant que cela peut se faire, à en régulariser l'exercice, de manière à atténuer une partie de ces inconvéniens. A cet effet je proposerais que toutes les forêts où il doit être conservé, fussent séparées en cinq districts au moins d'étendue à-peu-près égale ou, si cela est possible, proportionnelle à leur *possibilité (Ertragsfähigkeit)*, c'est-à-dire que l'on y tiendra compte de la nature de leur sol, des rochers, ravines, ou portions improductives et du plus ou moins de rapidité de l'accroissement du bois; et que leur étendue sera augmentée ou diminuée suivant quelles seront plus ou moins propres à la production du bois, de manière à ce qu'on puisse espérer d'obtenir de chacun de ces districts des produits à-peu-près égaux. Ensuite, en commençant par celui où se trouverait le bois le plus âgé et qui demande le plus à être exploité, on y prendrait pendant 20 ans le bois nécessaire aux divers besoins de la commune et l'on ne laisserait couper dans les autres districts que les arbres absolument secs et qui demandent nécessairement à être enlevés. Au bout de 20 ans on se transporterait dans le district qui à son tour se trouverait le plus dans le cas de devoir être entamé et on ne reviendrait dans le premier district qu'après un intervalle de vingt ans. De cette manière on ferait l'exploitation complète du district en 180 ans.

Il est bien entendu aussi que, suivant les circonstances et l'étendue des forêts d'une commune, ce système devrait être appliqué à plusieurs forêts séparées, si cela était nécessaire.

Quant aux forêts situées dans les parties inférieures et plus fertiles des vallées, et qui seraient moins exposées aux accidens que nous avons énumérés si fréquemment, on pourrait les soumettre à un système d'aménagement plus conforme aux vrais principes de la science forestière, afin d'en retirer des produits plus considérables. Mr. Cotta et d'autres auteurs proposent un mode de transformation qui pourrait être, sans de trop grandes difficultés, adopté à ces forêts.

Il consiste à adopter un terme, soit un nombre d'années, pendant lequel on fera l'exploitation de tout le vieux bois, et on organisera les exploitations de manière à ce que, au bout de ce terme, on puisse entrer dans un aménagement régulier. En supposant que ce terme soit fixé à 60 ou à 90 ans, on le divisera en trois périodes de 20 ou de 30 ans chacune; on repartira l'exploitation du vieux bois entre ces trois périodes, de manière à égaliser autant que possibles les produits, et on travaillera surtout à favoriser le repeuplement des coupes, le développement des jeunes bois, s'il en existe, et à regarnir par des semis ou des plantations les portions dévastées ou dépourvués de jeunesse. — La règle à suivre pour les bois de la première période est d'y introduire immédiatement les systèmes des coupes d'ensemencement ou de repeuplement naturel. Pour les portions de forêt qui sont affectées à la seconde période, on ne devra y couper que les arbres dépérissans ou secs, et avec toutes les précautions convenables, pour ne pas faire des trouées ou endommager les arbres environnans. Quant aux portions de bois affectés à la troisième période, on doit autant que possible les débarrasser de tous les vieux arbres qui ne pourraient pas rester sur pied jusqu'à l'époque où l'exploitation atteindra ces districts, afin qu'à cette époque-là on n'y trouve que des bois en état de supporter la coupe. Il va sans dire que dans l'un et l'autre cas on cherchera à déterminer, par une évaluation aussi approximative qu'il sera possible de l'effectuer, la quantité de bois qui devra être exploitée chaque année, soit par un dénombrement immédiat des arbres dans les districts qui devront être exploités dans la première décennie, soit par des poses d'essai. Comme il ne peut être question ici d'une taxation exacte et faite dans toutes les règles de la science forestière, la manière la plus simple est de faire ces évaluations ou estimations par pied d'arbres; c'est d'ailleurs ainsi qu'on procède dans les forêts jardinées, où l'on coupe les bois à une certaine dimension. Ainsi il sera assez facile de s'assurer en moyenne du nombre d'arbres qui existe sur une pose de forêt, et de la proportion dans lesquelles les arbres de grosseur et d'âge à être coupés s'y trouvent.

Dans une forêt assez bien peuplée, on peut compter qu'il existe en moyenne 250 à 300 plantes par pose, et que dans ce nombre 30 environ ou $1/_{10}$ sont du diamètre de 12 à 20 pouces; de ces 30 plantes il y en aura environ $1/_{3}$ du diamètre de 15 à 20 pouces, valant l'une dans l'autre $1/_{2}$ à $3/_{4}$ moules, ensorte qu'en prenant chaque année une plante par pose, on aurait pour 100 poses, 100 plantes valant 50 à 75 moules; ceci peut servir à régler jusqu'à un certain point nos exploitations et tout au moins à nous empêcher de faire de trop grands écarts en plus ou en moins.

EXPLOITATION.

On comprend sous cette dénomination toutes les opérations qui ont lieu dans les forêts pour en récolter et en utiliser les produits, c'est-à-dire la coupe ou l'abattage des bois, leur mise en oeuvre, leur vidange etc.

L'exploitation des forêts pouvant avoir la plus grande influence sur leur conservation et leur existence future, elle doit être l'objet d'une grande sollicitude de la part des agens forestiers. Nous nous proposons d'indiquer sommairement la manière dont on doit procéder à l'exploitation des forêts de montagnes et les précautions qu'on doit observer pour en assurer le repeuplement.

N'étant pas appelés à traiter de l'exploitation des taillis, nous n'aurons à nous occuper que de celle des futaies. On distingue les exploitations à effectuer dans les futaies en *coupes d'ensemencement* ou de *régénération*, en *coupes rases*, en *coupes par bandes alternées*, en *coupes par pied d'arbre* ou *en jardinant*.

DES COUPES D'ENSEMENCEMENT.

Il existe des régles à suivre et il y a des précautions générales à prendre qui sont communes à toutes les espèces de coupes.

L'exploitation doit commencer d'abord par les bois les plus âgés, ou par ceux qui, bien que moins âgés, ont le moins d'accroissement. Si dans les portions de bois à exploiter il y en a qui soient abondamment pourvus d'une jeunesse vigoureuse, il convient de commencer par ces parties-là l'enlèvement des vieux arbres qui pourraient encore s'y trouver.

Les coupes doivent autant que possible se succéder les unes aux autres, de manière à établir dans la forêt un ordre régulier d'exploitation et de sucession de produits.

On doit aussi faire ensorte d'établir les coupes de manière à n'avoir pas à traverser pour la vidange des portées de jeune bois ou des semis.

A cet effet dans les montagnes il convient de commencer les coupes par la partie supérieure des pentes ; mais cette règle est sujette à beaucoup d'exceptions.

On doit commencer les exploitations par les parties ou du côté qui est le moins exposé à l'action des vents, surtout du vent d'ouest, et les suivre en marchant dans la direction opposée; ainsi si on a commencé à l'est ou au nord, on doit suivre en se dirigeant à l'ouest ou au midi.

Les coupes d'ensemencement ne peuvent avoir lieu que dans les forêts soumises à un plan d'aménagement régulier et qu'on veut renouveler par des semis naturels; elles se composent de trois coupes ou opérations distinctes et successives.

La coupe d'ensemencement proprement dite ou *coupe sombre* (*Besamungsschlag* ou *Dunkelschlag*).

Lorsqu'on a déterminé l'emplacement et la grandeur de la coupe, on commence par marteler tous les arbres qui doivent être abattus pour espacer convenablement les arbres restant. Le nombre des arbres à réserver dans cette première période dépend de la nature de l'essence dont elle est peuplée et de sa situation et de son exposition, du climat ainsi que de la nature et de la qualité du sol.

S'il est question d'une forêt de hêtre, il faut que les arbres qu'on réserve sur la coupe soient espacés de manière à pouvoir encore se toucher par l'extrémité de leurs branches.

Si la forêt est dans une exposition au nord ou abritée, il n'est pas nécessaire que les arbres soient aussi rapprochés que, lorsqu'elle est située sur une côte tournée au midi et dont le sol est aride ou peu profond.

Dans les forêts de sapin blanc, les arbres à réserver doivent être presqu'aussi rapprochés que dans celles de hêtre.

S'il est question d'une forêt de melèze ou de pin ou de sapin rouge, la distance des arbres réservés sur la coupe ou des porte-graines comme on les appelle, doit être plus grande que pour le hêtre; cependant il faut que l'extrémité de leurs branches inférieures puisse encore se toucher. Cette distance doit être augmentée ou rapprochée suivant que le terrain est de bonne qualité ou de mauvaise, que l'exposition est chaude ou froide, que la situation est basse ou élevée.

Si le terrain était recouvert d'un gazon épais ou de buissons ou de bruyère de manière à ce qu'on ne put pas espérer une bonne réussite des semences qui tomberaient des arbres existant sur la coupe, alors il ne faudrait pas hésiter à chercher à enlever ce gazon tout au moins par places, à arracher les sousarbrisseaux ou la bruyère, afin que la graine pût germer et prendre pied.

Si les semis naturels manquaient ou se faisaient trop attendre, alors il faudrait y suppléer en répandant sur le terrain de la graine de bonne qualité et en la recouvrant avec un rateau plus ou moins suivant les espèces.

Lorsque la graine aura bien levé et qu'on verra que les plantes ont besoin d'avoir du soleil, il faudra songer à diminuer le nombre des porte-graines et à éclaircir la coupe, à procéder à la seconde opération, c'est-à-dire à la coupe claire.

De la coupe claire (Lichtschlag).

Il y a des différences assez marquées dans l'époque où l'on doit entreprendre cette coupe et qui résultent de la nature des essences; ainsi le hêtre et le sapin blanc ont besoin beaucoup plus long-temps de l'abri et de l'ombrage des porte-graines que le melèze et le sapin rouge ou le pin; ces deux dernières essences sont celles qui demandent à être découvertes le plus vite.

Il ne serait pas prudent d'enlever un trop grand nombre d'arbres; partout on doit proportionner ces enlèvemens à la réussite et à l'état du semis; partout où il est bien fourni et de bonne apparence, on doit ôter une partie des arbres pour donner du jour aux jeunes plantes, mais on ne doit pas le faire trop vite; en général pour le hêtre et le sapin blanc il convient que les semis aient atteint environ un pied de hauteur; pour le melèze, le pin et le sapin 5 à 6 pouces sont suffisans.

Coupe définitive (Abtriebschlag).

Lorsque toute la coupe est suffisamment regarnie d'un semis de 3 à 4 et même 5 pieds de hauteur, on peut et on doit procéder à l'enlèvement des porte-graines restants, et opérer par conséquent la coupe définitive, *Abtriebschlag.* Une longue expérience m'a démontré combien il pouvait y avoir d'inconvéniens à enlever trop vite les derniers *porte-graines* et combien il était au contraire avantageux d'attendre pour cette opération que le semis soit assez fortement développé pour être en état de se passer de cette espèce d'abri. C'est surtout le cas pour les semis de hêtre, qui ont besoin plus que tous les autres de l'abri des plantes réservées, et qui sont exposés à souffrir de l'influence du soleil, de la sécheresse et du froid, lorsqu'on les découvre trop tôt. Il est à-peu-près de même du sapin blanc, cependant il ne faut pas attendre autant pour cette dernière essence que pour l'autre. Il faut attendre encore moins long-temps pour le melèze, le pin et le sapin rouge, qui peuvent être abandonnés à eux-mêmes plus vite.

Sans doute que par cet enlèvement, qui doit être fait de préférence en automne ou lorsque les forêts sont couvertes de neige, mais jamais par un froid très vif, on gâtera bien des jeunes plantes, mais il en restera tousjours assez pour former un massif complet. Pour les essences feuillues comme le hêtre, le chêne, l'érable on peut, en récépant près de terre les plantes qui ont été endommagées, faire disparaître toute trace de ces dommages; cela ne se peut pas pour les essences résineuses et il faut alors avoir recours à des plantations pour regarnir les vides qui pourraient avoir été occasionnés dans le semis.

Il convient, sous beaucoup de rapports, et dans les montagnes surtout sous celui de l'abri contre les neiges, les vents, les chutes de pierres etc., de conserver une lisière de vieux arbres au-dessus des pentes et sur les lisières des coupes et même dans l'intérieur dans des endroits arides ou exposés.

Ce n'est guères avant la dixième à douxième année qu'on peut espérer de pouvoir obtenir un semis assez fort pour pouvoir permettre la coupe définitive; cela depend de l'exposition et du climat de la forêt.

Après avoir effectué l'enlèvement des porte-graines et les cultures nécessaires pour regarnir les vides qui existaient dans le semis, on doit laisser le jeune bois livré à lui-même, jusqu'à ce qu'on s'aperçoive qu'il s'y est introduit des bois tendres tels que trembles, saules *marceau* etc. qu'il faut alors extraire avec précaution, ou qu'il est trop touffu et gêné dans son développement. Il convient alors d'y pratiquer une *éclaircie* ou *coupe d'amélioration*, si la chose est praticable; dans les montagnes cela devient fort difficile, parceque ces bois n'ont pas de valeur et qu'alors on est retenu par les frais de ces cultures. D'ailleurs on y a moins à craindre ces envahissemens d'essences tendres. Dans les forêts situées dans un climat tempéré et sur des pentes pas trop rapides, on peut et on doit y avoir recours, mais il ne faut le faire que lorsque ces bois ont de 3 à 4 pouces de diamètre, et que ceux d'essences feuillues surtout sont assez forts pour se soutenir par eux-mêmes; plus vite on s'exposerait à avoir un grand nombre de brins courbés par les neiges et perdus pour la suite. Ces éclaircies ont pour but d'enlever les bois dépérissants et ensuite de procurer aux jeunes arbres l'espace dont ils ont successivement besoin pour se développer et croître en épaisseur; car dans les fourrés trop épais les bois filent en longueur, cherchent au-dessus de la forêt l'air et la lumière qui leur manquent au dedans. Il est de la plus grande importance de ne procéder à ces éclaircies qu'avec beaucoup de prudence et de connaissance des localités, afin de ne pas enlever plus qu'il n'est nécessaire; car il y a toujours moins de risques à courir en ne coupant pas trop qu'en faisant le contraire. C'est ici que le coup d'oeil et l'expérience du forestier lui sont surtout utiles.

DES COUPES RASES OU A BLANC ÉTOC
(Kahlschläge).

Nous nous sommes déjà étendus sur les inconvéniens de ce mode d'exploitation pour les forêts de montagne, mais ces inconvéniens sont tellement graves que nous croyons nécessaire de revenir encore sur ce sujet et d'insister sur l'importance de renoncer entièrement à ce genre de coupes, si l'on a véritablement à coeur d'empêcher la déstruction des forêts des Alpes. Ces inconvéniens sont essentiellement:

1) De rendre le repeuplement des coupes beaucoup plus difficile et quelquefois impossible; car ce repeuplement ne pouvant avoir lieu que par les semences qui tombent des arbres et exigeant pour sa réussite plus ou moins d'abri et de protection des vieux arbres pendant les premières années, il est facile de comprendre que, lorsque ces conditions n'existent plus, le repeuplement devient impossible. Plus l'étendue de la coupe est grande, plus le succès est douteux. Le terrain ainsi dépouillé se gazonne et se recouvre d'arbrisseaux et de plantes qui étouffent toutes les semences et ce n'est que fort à la longue que quelques sousbois et enfin des arbres peuvent y prendre pied.
2) De dénaturer la qualité du sol, de le détériorer de plus en plus et de le détruire quelquefois pour toujours. En effet, la couche de terre végétale qui s'était formée à la longue par l'accumulation des feuilles et autres débris des végétaux, qui convenablement imprégnée d'humidité est la cause de la fertilité plus ou moins grande du sol, étant tout-à-coup mis à découvert, se dessèche par l'action du soleil et de la chaleur; elle perd peu à peu toute sa consistance, les pluies la délaient et l'entraînent, les vents la balaient, le froid la soulève et la fait se fendiller de mille manières; cette couche une fois détruite, le gravier ou le roc qui lui servait de base, est mis au jour, et par conséquent il faut que par des circonstances favorables cette couche puisse se reformer,

pour que la végétation puisse de nouveau prendre pied sur le terrain dépouillé; et cela ne peut arriver qu'après un très long laps de temps.

Un des grands inconvéniens des coupes rases résulte du dévallage des bois. Le bûcheron abat tout ce qui peut supporter la coignée; toute la coupe ne tarde pas à être jonchée d'arbres de toutes dimensions; on les ébranche d'abord et après cela on les débite en plots de 4 pieds et plus de longueur pour les dévaler plus facilement au bas de la montagne. Ces plots restent sur place jusqu'à l'époque de ce dévallage et étouffent toutes les jeunes plantes qui peuvent se trouver dessous; ensuite le dévallage entame plus ou moins la couche de terre, et finit même par l'enlever entièrement: c'est donc-là encore une des grandes causes de déstruction du sol.

3) D'exposer le reste de la forêt, surtout les parties inférieures, à tous les accidents que nous avons énumérés.

4) Enfin de diminuer sensiblement les produits de la coupe et par conséquent le revenu de la forêt. Ce n'est que dans des forêts qui ont été depuis longtemps soumises à un aménagement régulier qu'on peut espérer de trouver des bois à-peu-près de même âge et de dimensions uniformes. Les forêts des Alpes ayant toujours été exploitées en jardinant, sont ordinairement boisées d'un mélange de bois de tous les âges et par conséquent de toutes les dimensions.

En exploitant par coupe rase une forêt de cette espèce, on coupe en même temps des gros arbres au terme de leur accroissement, et des arbres qui sont précisément dans la période où ils commencent à croître avec vigueur. Ces arbres-là ne donnent que peu de bois, parcequ'ils n'ont que de foibles dimensions, tandis que, si on les avait laissés sur pied jusqu'au moment où ils auraient à leur tour atteint leur maximum d'accroissement ils en auraient donné beaucoup. Il y a donc une perte réelle en production de bois dans ce genre d'exploitation. D'un côté il est évident que ces bois vendus pêle-mêle et sans choix se vendront toujours à un taux inférieur à celui auquel on aurait vendu sur pied des plantes choisies.

Les inconvéniens que nous venons d'énumérer paraissent assez graves pour devoir engager les communes et même les particuliers à renoncer à ce mode d'exploitation et à adopter un système de coupes plus approprié à la nature de leurs forêts et aux chances auxquelles elles sont exposées.

On a proposé pour remédier aux inconvéniens des coupes rases dans les forêts de montagne de les exploiter par bandes étroites dirigées dans le sens de la pente, ou en biais pour résister mieux au vent. Dans ce système on n'avance avec les exploitations qu'au fur et à mesure que le repeuplement s'effectue sur la bande exploitée, ce qui oblige à renvoyer quelquefois de plusieurs années à suivre aux exploitations commencées, et n'est pas toujours possible. Pour éviter ce second inconvénient, on a proposé de couper par *bandes alternées (Springschläge),* mode d'exploitation, qui consiste à laisser entre chaque bande exploitée une lisière de bois sur pied qu'on exploite à son tour, lorsque les lisières ou bandes contiguës seront regarnies de jeunesse. Mais ce mode est rarement mis en usage et il est plus facile à tracer sur le papier qu'à appliquer sur le terrain. Nous sommes donc conduits forcément à conserver le système du *furetage* ou *jardinage;* nous allons essayer d'indiquer les précautions qu'il convient d'observer dans ce genre d'exploitation.

1) Il est essentiel dans tous les cas de ne pas toucher aux arbres qui existent dans la partie supérieure de la forêt, ainsi que du côté où viennent les vents les plus violens, et de laisser dans ces parties toujours une *lisière* ou rideau de 8 à 10 toises, 80 à 100 pieds de largeur au moins, dans laquelle on ne coupera pas même les arbres secs, à moins que leur chute ne puisse entraîner des arbres environnans.

2) Il convient de même de laisser intactes les *lisières* de bois qui se trouvent sur des arêtes de rochers qui couronnent des pentes rapides ou qui les traversent dans diverses directions, parcequ'elles servent à abriter et au besoin à ensemencer les parties de forêts situées à l'entour.

3) On ne doit pas toucher non plus aux lisières de bois qui bordent des torrens ou rivières sujettes à se déborder ou qui se trouvent sur la route des avalanches ou sur le bord des glaciers, non plus qu'à celles qui sont destinées à garantir des avalanches ou des chutes de pierres, des villages ou des portions de villages, ou des habitations isolées, des champs ou des pâturages Dans de telles forêts on ne doit couper que les arbres absolument secs et qui nuiraient au repeuplement des parties déjà trop claires qu'il convient de regarnir.

3) Il faut en martelant les arbres destinés à être abattus, apporter une grande attention à égaliser le massif autant que possible, en enlevant les arbres les plus rapprochés, et chercher à ne pas faire de trouées, ou comme on le dit à *rompre le couvert.*

4) En exploitant des forêts en pente, il convient de commencer, autant que possible, vers le haut, soit au-dessus de la pente, en exceptant toujours les lisières dont on a parlé, et de les continuer sur tout le district désigné pour l'exploitation de 10 ou de 20 ans, dont il a été question à page 91, en descendant jusqu'au bas de la forêt.

5) Malgré que dans le système du furetage on ait moins à redouter l'effet des vents et le chablis que dans les autres modes d'exploitation, cependant il convient, si l'âge de la forêt le permet, de commencer par le côté le moins exposé aux vents violens et par conséquent du côté opposé aux vents du midi ou du sud-ouest.

6) On doit, autant que possible et à moins de cas urgens et imprévus, ne couper le bois que vers la fin de l'été et en automne et éviter de les couper au printemps ou pendant l'été, soit à raison du tort que l'on fait aux semis et aux jeunes plantes qui se trouvent dans les parties en exploitation, soit aussi parce que les bois coupés dans l'arrière-saison et pendant que la circulation de la sève est ralentie, ne sont pas sujets à se détériorer aussi vite que ceux qu'on coupe en pleine sève, et se conservent plus long-temps.

Il y a sous le rapport du repeuplement, de la conservation et de la police des forêts de grands inconvéniens à y couper en toute saison et surtout pendant le gros de l'été, et c'est-là un des inconvéniens majeurs attaché aux grandes coupes rases destinées au flottage et qui ne peuvent guères être suspendus.

7) Dans les forêts en pente il y a des avantages à couper et à exploiter, pendant que le sol est couvert de neige; mais on doit éviter autant que possible d'abattre les bois et de les dévaller par les très grands froids, parce que les bois et surtout la jeunesse se casse au moindre choc et qu'on lui cause un dommage irréparable.

8) On doit aussi éviter de laisser les bois gisant sur le terrain pendant trop long-temps et surtout pendant le printemps et l'été, ainsi que cela se fait en plusieurs endroits pour les alléger et pouvoir ensuite les dévaler plus facilement. Non seulement les bois se gâtent, mais ils détruisent tous les semis ou les jeunes plantes qui pouvaient se trouver dessous. Il faut donc les sortir de la forêt le plus tôt qu'on le pourra, et si on est obligé de les y laisser plus long-temps, il faut alors les écorcer et autant que possible transporter sur le bord des *lançoirs* ou chables, ou sur des places destinées à servir de dépôts ou de chantiers.

9) Si l'on doit abattre des arbres d'un très gros volume et fort garnis de branches, il convient de les faire ébrancher au préable, afin qu'on puisse mieux et plus facilement les diriger dans leur chute et les empêcher de causer trop de dégâts aux bois restant sur pied.

10) Dans les forêts d'une grande étendue et où l'on fait des exploitations considérables, on fera bien de chercher à établir des chemins d'exploitation

qu'on cherchera à établir jusques dans les parties les plus reculées et les moins accessibles de ces forêts, afin de tirer parti des bois qui s'y trouvent et qui seraient perdus sans cela. Les dépenses qu'entraînent ces constructions de route sont amplement compensées par les avantages qu'elles procurent; et d'ailleurs elles sont promptement couvertes par la diminution des frais d'exploitation et l'augmentation qui en résulte pour la valeur des bois.

11) On fera bien, autant qu'on le pourra, de s'abstenir de charbonner le bois sur place, et quand on y sera contraint, on devra prendre toutes les précautions requises pour prévenir les accidens qui peuvent résulter de cette opération.

12) Toute espèce de pâturage devra être interdite dans les bois en état de coupe, et on ne devra le permettre de nouveau que, lorsque les arbres seront défensables.

DES CULTURES FORESTIÈRES.

On sait que l'on comprend sous ce nom toutes les opérations qui ont lieu dans les forêts pour favoriser le repeuplement des coupes ou des parties déboisées; on distingue le repeuplement en *repeuplement naturel*, *Holzzucht*, c'est-à-dire celui qui s'opère par les semences tombées des arbres ou par les rejets des souches ou des racines, et en *repeuplement artificiel*, *Holzbau*. Nous avons déjà traité du premier mode de repeuplement, en indiquant la manière de diriger les coupes ou l'exploitation d'une forêt de façon à le favoriser; il nous reste à parler du second mode, c'est-à-dire de la culture artificielle ou de la culture forestière proprement dite.

Les opérations de culture forestière se distinguent en *semis*, et en *plantations*; chacun de ces modes de culture a ses avantages propres, suivant les circonstances dans lesquelles il convient d'en faire usage. On a recours à la culture pour regarnir ou remettre en nature des bois des terrains qui ont été dépouillés par des coupes imprudentes ou mal faites ou trop fortes, pour regarnir des vides ou des clairières qui peuvent exister dans l'intérieur des forêts, pour suppléer à l'insuffisance des semis naturels dans des climats trop rudes et où la graine parvient rarement à maturité, pour remplacer une essence par une autre, ou enfin pour établir des forêts ou mettre en nature des bois, des terrains qui ne l'étaient pas auparavant.

Il est nécessaire d'exposer les raisons qui peuvent nous engager à préférer les semis aux plantations ou réciproquement.

On doit donner la préférence aux semis sur les plantations, lorsqu'on a de très grands espaces de terrain à regarnir, où la nature du sol, la manière dont il est recouvert et la qualité du climat permettent d'avoir recours à ce genre de culture.

Lorsque le repeuplement naturel a manqué ou n'a pas réussi, soit parce qu'on n'avait pas réservé assez de porte-graines sur le terrain, soit parce qu'il n'y a pas eu d'année de semence, et quand le terrain n'est pas encore gazonné ou couvert de plantes qui s'opposeraient à la réussite de la graine, on doit avoir recours au-semis.

On doit aussi y avoir recours, lorsqu'on veut remplacer une essence par une autre ou faire un mélange d'une autre essence avec celle qui existe déjà dans la forêt.

Lorsqu'on peut se procurer plus facilement de la graine que des plants.

Et enfin suivant la nature des essences qu'on veut élever, quelques-unes étant plus faciles à élever de graine que de plantations.

En revanche, on doit donner la préférence aux plantations sur les semis:

Lorsque le terrain qu'on doit repeupler est recouvert d'un gazon serré ou d'herbes longues et épaisses.

Lorsqu'il s'agit de compléter ou de regarnir les vides qui existent dans des semis ou des clairières dans des forêts.

Lorsque le climat est rude et que les cultures sont exposées à des gelées précoces ou tardives.

Lorsqu'il est question d'élever dans un terrain découvert des essences qui ne supportent pas une situation isolée.

DU CHOIX DES ESSENCES A CULTIVER.

Nous occupant uniquement des forêts des hautes vallées des Alpes ou tout au plus de celles situées dans leurs parties moyennes, il ne peut être question ici que des essences qui peuvent croître dans ces contrées-là, et surtout de celles qui constituent essentiellement le massif des forêts de ces vallées. Nous allons donc les passer en revue d'une manière sommaire, en indiquant les qualités qui les rendent plus ou moins précieuses, le sol et l'exposition qui leur conviennent le mieux, ainsi que la hauteur ou le niveau au-dessus de la mer auquel elles cessent de croître.

Le pin cembro (arole, Arve, pinus cembra).

Cet arbre est un des plus précieux que nous possédions dans les Alpes par la faculté qu'il a de croître à une très grande élévation. Mr. Kasthofer en a trouvé dans les Grisons de très beaux massifs à une hauteur de plus de 6000 pieds.

En Valais, dans la vallée de St. Nicolas, on en trouve de fort beaux en montant aux chalets du Riffel à plus de 6000 pieds au-dessus de la mer.

Cet arbre pousse de fortes racines qui le mettent à même de résister aux orages et aux neiges, d'acquérir de grandes dimensions et parvient à un âge très avancé. Son bois est résineux et élastique et se taille facilement, ce qui le fait rechercher pour des ouvrages de sculpture; il dure très long-temps, ce qui le rend précieux comme bois de construction. On retire de l'amande qui se trouve dans les cônes, qui ne mûrissent que la seconde année, une huile de très bonne qualité. On sait que ces amandes sont recherchées comme friandise dans l'Engadine, où cet arbre est abondant; et c'est aussi là une cause de sa destruction.

L'arole se contente du terrain pierreux et peu substantiel qui résulte de la décomposition des roches quarzeuses et feldspathiques, qui forment ordinairement les hautes sommités des Alpes, mais il préfère un terrain profond et frais; c'est sur les pentes tournées au nord qu'il végète le mieux et acquiert les plus grandes dimensions.

La semence de l'arole ne mûrit que dans l'automne de l'année qui suit celle de la floraison. On doit recueillir les cônes à cette époque et, si cela est possible, semer la graine aussitôt après la récolte, si non, la conserver dans les cônes pour la semer au printemps; les graines ne lèvent alors que l'année suivante. Les jeunes plantes demandent un certain abri pendant les premières années. En élevant la graine dans des caisses ou en pépinière on peut transplanter à leur destination les jeunes plantes, lorsqu'ils ont atteint une hauteur de 6 à 8 pouces.

Il existe à Berne dans la forêt du Bremgarten de magnifiques semis d'arole qui ont été faits par Mr. Gruber; Mr. Kasthofer en a exécuté avec succès dans les environs d'Interlaken.

Le pin sylvestre (pinus sylvestris, daille, Kiefer, Forre).

Cette espèce de pin s'élève encore assez haut dans quelques vallées du Valais et des Grisons.

On le trouve en Valais à une assez grande hauteur au-dessus de Brieg sur la route du Simplon; il y est mélangé avec le melèze et le bouleau.

Le bois du pin sylvestre, quoique fort résineux, est de bonne qualité; il n'est pas estimé en Suisse autant qu'il l'est dans le nord de l'Allemagne; néanmoins la rapidité de sa croissance et surtout la facilité avec laquelle il se contente des terrains les plus arides et des situations les plus exposées à l'ardeur du midi, en font un arbre très précieux comme moyen de reboiser des pentes dénudées et dont le sol est maigre ou sabloneux, dans les parties inférieures des vallées et surtout dans les expositions au midi et au levant.

La graine ne mûrit qu'au bout de 18 mois, on peut la semer dans des endroits découverts; mais lorsqu'il est question de pentes arides et exposées à toute l'ardeur du soleil du midi, il convient de lui procurer quelque abri en la semant avec du bouleau ou même de l'avoine.

Nous ne parlons pas du pin mugho qui paraît n'être qu'une variété du pin ordinaire, modifiée par l'élévation à laquelle on la trouve, parce qu'il ne forme jamais de forêts entières.

Du melèze (pinus larix, Lerchenbaum).

Nous envisageons cet arbre comme le végétal le plus précieux qui croisse dans les Alpes. La rapidité de son accroissement, la facilité avec laquelle il se propage, la bonté de son bois et sa grande durée, la grande élévation à laquelle on le trouve encore, (car avec l'arole ou le pin cembro c'est l'arbre qui se trouve le plus près des limites de la végétation forestière; Mr. de Buch estime à 7000 pieds le maximum de la végétation du melèze et Mr. Kasthofer l'a trouvé dans les Grisons à plus de 6000 pieds), sont autant de qualités qui doivent engager à le cultiver de préférence dans les Alpes partout où la chose est praticable.

Le terrain qui convient le mieux au melèze est un mélange de terre végétale et de gravier ou de détritus des roches quarzeuses et micacées; cependant il croit également bien dans les terrains calcaires, il se contente quelquefois d'un sol pierreux ou maigre; en revanche il ne supporte pas la trop grande humidité. L'exposition la plus favorable est celle du nord ou du nord-ouest, mais il réussit bien à l'exposition du midi et du levant.

La graine mûrit en automne, mais les cônes ne s'ouvrent guère qu'au printemps. Il convient de la semer à cette époque; elle lève souvent déjà au bout de 2 à 3 semaines, quelquefois elle ne lève que la seconde année.

Les jeunes plantes atteignent, dès-là première année, 2 à 3 pouces de hauteur et croissent ensuite avec rapidité.

Dans les contrées où la neige séjourne longtemps au printemps il convient de semer en automne.

Du sapin rouge (pinus picea, abies excelsa, Fichte, Rothtanne).

Cet arbre qu'on peut placer après le melèze pour ses excellentes propriétés, est un des plus répandus dans les forêts des Alpes et en général dans celles de la Suisse. On peut dire qu'il se trouve dans toutes les expositions et qu'il se contente des sols les plus différens par leur nature. Depuis le fond des vallées il s'élève presques sur la sommité des montagnes, et on le trouve encore végétant avec vigueur à plus de 5500 pieds au-dessus de la mer. Son bois, quoique d'une qualité excellente et très propre à la fente et à toutes sortes d'emplois, dure beaucoup moins que celui des autres essences résineuses que nous venons de citer.

Le sapin rouge croît au sec et même il supporte une certaine dose d'humidité, cependant là où il réussit le mieux c'est dans une exposition fraîche, au nord ou au nord-est, dans un terrain frais sans être humide. Comme ses racines ne s'enfoncent que très peu, il peut se contenter d'un sol moins profond que la plupart des autres essences forestières. Mais cette faculté lui devient nuisible sous d'autres rapports, en ce qu'il résiste fort mal aux coups de vents violens du sud-ouest et même du nord-est. C'est à cause de cela qu'il importe de faire une grande attention à ne pas entamer imprudemment les forêts du côté où elles sont exposées à ces vents-là.

Le sapin rouge a un ennemi redoutable dans un petit insecte qui n'est pas tout-à-fait aussi gros qu'un grain de seigle, c'est le *Dermette typographe*, *Borkenkäfer* en Allemand ; il s'insinue entre l'aubier et l'écorce des arbres ébranlés par les vents ou qui ont été mis tout-à-coup à découvert et ne tarde pas à les faire périr. Comme il se propage avec une grande facilité, de grandes étendues de forêts ont souvent été ravagées de cette manière. On doit faire abattre de suite les arbres qui en sont atteints et en faire brûler l'écorce. Heureusement que ses ravages ne sont pas très considérables jusqu'ici dans les forêts des Alpes.

La graine mûrit en automne, mais à moins de vents très chauds, elle ne s'échappe des cônes qu'au printemps. Il faut donc faire récolter les cônes en automne ou en hiver, et les placer dans une chambre chauffée au moyen d'un poële pour les faire ouvrir.

On peut aussi les faire ouvrir au soleil ; on a pour cela des appareils particuliers, mais d'une construction fort simple. Il convient de la semer au printemps, dès que le terrain est débarrassé de neige ; elle lève au bout de deux à trois semaines ; mais les jeunes plantes sont assez délicates pendant les 3 à 4 premières années et il convient de les abriter avec de la mousse ou des branches d'arbres dans les expositions chaudes ou trop découvertes.

Le sapin blanc (abies pectinata, Weisstanne).

Cette espèce de sapin est moins fréquente dans les forêts des Alpes que l'autre, elle supporte aussi moins bien le froid et n'atteint pas une aussi grande élévation. Dans sa jeunesse le sapin blanc a besoin d'ombre et d'abri à-peu-près autant que le hêtre, c'est pourquoi on ne peut que difficilement l'élever à découvert. Il exige aussi un terrain de meilleure qualité et plus profond que le sapin rouge, parce que ses racines s'enfoncent davantage. Il parvient quelquefois à d'énormes dimensions.

Son bois, sans être aussi recherché que celui du sapin rouge, est néanmoins tout aussi bon et surtout il est meilleur pour le chauffage. Sa culture mérite donc d'être encouragée en le mêlant avec d'autres essences résineuses et avec le hêtre.

DES ESSENCES FEUILLUES.

Le nombre de ces essences est fort restreint dans les hautes forêts des Alpes; nous ne citerons que celles qui s'y rencontrent en certaine quantité.

Du hêtre (fagus sylvatica, fau, Buche).

Cet arbre est assez connu pour que nous nous dispensions d'entrer dans de grands détails sur son compte. Sa croissance n'est pas très prompte, mais il fournit un excellent bois de chauffage et on l'emploie à divers ouvrages de charronnage et de *boissellerie.* Sa feuille est estimée comme litière; mais ce n'est qu'au grand détriment des forêts qu'on la recueille.

Le hêtre s'élève assez haut dans les montagnes, on le rencontre encore à 4500 à 5000 pieds; mais il est rare dans les Alpes des Grisons, d'Uri et du Valais, surtout sur le versant septentrional; ce n'est guères que sur les pentes inférieures qu'on le rencontre.

Dans la vallée du Rhin ce n'est qu'à Kloster dans le Prettigau à 3700 pieds de hauteur que Mr. Kasthofer a trouvé les premiers hêtres.

Dans le bassin du Tessin, ce n'est qu'à Poleggio que le hêtre commence à dominer et dans la vallée de Misocco on le trouve garnissant les pentes supérieures, quelquefois mélangé avec le melèze.

Dans le Valais le hêtre ne se trouve guères plus haut qu'aux environs de Möril et de Lachs; dans les vallées latérales il ne s'élève pas beaucoup plus haut non plus. On ne le trouve pas plus haut que St. Nicolas; mais il est abondant dans les vallées inférieures.

On sait que l'on récolte la semence du hêtre ou la faîne en automne, et c'est aussi le moment où l'on doit la semer ou la planter, car elle est trop difficile à conserver.

Dans toutes les localités où le hêtre peut croître, on doit chercher à le cultiver, car il rend de très bons services pour garantir les pentes rapides des éboulemens; ses racines pénètrent profondément et s'étendent très loin. Le mélange du hêtre avec le melèze, le sapin et les autres essences feuillues doit être recommandé. Il maintient une certaine fraîcheur dans les forêts et les affermit contre les effets des vents violens.

Le châtaignier.

Cet arbre, qui parvient à des dimensions énormes, et qui mériterait d'être cultivé à cause de son fruit et de la quantité de bois qu'il peut fournir, bois dont on peut faire bien des emplois divers, a une région qui lui est propre et qu'il ne peut guères dépasser; c'est pourquoi sa culture est restreinte aux parties inférieures des vallées et à une exposition à l'abri du vent du nord et des grands froids.

Partout où l'on pourra l'introduire avec succès dans les vallées des Alpes, on fera bien d'encourager sa culture et de la propager, car il peut rendre d'excellents services pour abriter et garantir des terrains exposés à des éboulemens ou à des chutes de pierre.

Il faut ici, comme pour le hêtre, planter aussitôt après la maturité du fruit.

L'érable (acer, Ahorn).

Nous avons en Suisse quatre espèces d'érable. L'érable commun ou champêtre, *Masholder*. On sait qu'il n'atteint jamais de grandes dimensions. Il habite les plaines et les parties inférieures des vallées; son utilité n'est pas très grande. *L'érable sycomore*, ou *érable blanc*, *le plane*, *Bergahorn; l'érable platanoïde* ou *duret* et *l'érable à feuilles d'obier*. De ces espèces les deux premières sont celles qui doivent surtout nous occuper et en particulier l'érable sycomore ou *Pseudo-platanus*, qui est également remarquable par les qualités précieuses de son bois, soit comme excellent bois de chauffage, soit comme bois d'ouvrage; ses feuilles donnent un excellent engrais et en outre il résiste aux vents violens et au froid, car il atteint une hauteur de 4500 à 5000 pieds; enfin il parvient à des dimensions énormes, et on sait qu'il n'est pas rare de trouver dans les Alpes des érables de 4 à 5 pieds de diamètre. Ses racines, qui s'étendent au loin et pénètrent fort avant en terre, lui donnent une grande solidité pour résister aux vents et aux avalanches.

La culture de cet arbre mérite donc à tous égards d'être recommandée et encouragée dans les forêts des Alpes.

La graine de l'érable mûrit d'assez bonne heure en été; mais on ne peut guères la semer avant le printemps suivant, à raison de ce que ses jeunes plantes sont très délicates et qu'elles courent le risque d'être endommagées par les gelées tardives.

L'érable platanoïdes, *Lenne*, ne devient pas aussi gros que l'autre, il ne supporte non plus pas aussi bien le climat rigoureux des Alpes; l'érable à feuilles d'obier y est rare et appartient plutôt au Jura. Cependant ces deux espèces d'érables peuvent être cultivées avec avantage.

Du frêne (fraxinus excelsior, Esche).

Cet arbre est encore un de ceux dont la culture doit être recommandée dans les vallées des Alpes, soit à cause des excellentes qualités de son bois comme bois de charronnage et d'ouvrage, soit à cause du parti qu'on retire de ses feuilles pour nourrir les chèvres et les moutons.

D'ailleurs il résiste presque aussi bien au froid que le hêtre et s'élève sur les montagnes presque aussi haut que lui, c'est-à-dire de 4000 à 4500 pieds.

Ensuite, quoiqu'il préfère les bords des ruisseaux humides, il s'accommode également des terrains secs et même pierreux, pourvu que ses racines puissent pénétrer assez avant en terre pour le nourrir convenablement.

La semence du frêne ne germe guères avant la seconde année, à moins qu'elle n'ait été semée en automne après la récolte.

De l'orme (ulmus, Ulme).

Cet arbre n'est pas commun chez nous; il y en a plusieurs variétés en Valais; on le cultive le long des routes, on l'ébranche pour se servir de sa feuille; il devient fort grand et fournit un excellent bois de charronnage et de construction, surtout pour les constructions hydrauliques; quoiqu'il ne s'élève pas fort haut dans les montagnes, il mérite cependant d'être cultivé, autant que la chose sera possible, mais il ne peut pas être élevé en forêt et ne se cultive que mélangé avec d'autres essences ou comme bordures des champs et des prairies.

La semence mûrit de très bonne heure au printemps et peut-être semée avec avantage aussitôt après la récolte.

Du bouleau (betula alba, Birke).

Cet arbre est assez fréquent dans les vallées des Alpes, il s'élève très haut sur leurs pentes, presque aussi haut que le sapin rouge; dans le Bergell il s'élève jusqu'à 5 à 6000 pieds.

En Valais le bouleau est très commun; il s'y trouve fréquemment mélangé au melèze et au pin. Il en est ainsi dans la vallée de Chamouny, dans celle de Cormayeur, dans la vallée du Tessin.

Le bois du bouleau ne peut pas être employé comme bois de construction, mais il fournit un excellent bois de chauffage, et comme il se contente des terrains les plus arides, pourvu qu'ils soient suffisamment profonds, qu'on peut l'élever avec beaucoup de facilité et que son accroissement est rapide, il mérite à tous égards d'être cultivé, surtout pour regarnir des pentes arides et dénudées.

La semence mûrit en automne, il faut la semer le plus tôt possible, car elle ne se garde que difficilement étant sujette à s'échauffer.

De l'aune (betula alnus, Erle).

Nous avons trois espèces d'aunes: *l'aune noir, alnus glutinosa; l'aune blanc, alnus incana*; et *l'aune vert, alnus viridis.*

L'aune noire est l'espèce la plus commune; mais c'est plutôt un arbre des plaines ou des terrains bas et marécageux que des montagnes; cependant il supporte fort bien des froids rigoureux; on le trouve surtout le long des ruisseaux et dans les plaines humides; son bois est très bon comme bois de chauffage et de charronnage, ainsi que pour des ouvrages hydrauliques; sous ce rapport il mérite d'être cultivé.

L'aune blanc est alors véritablement un arbre précieux dans les montagnes; il s'y élève fort haut, et dans les Grisons entre Dissentis et Sedrun on le trouve encore à une hauteur de 6000 pieds. Mr. Kasthofer a observé, au surplus, qu'il s'élève plus haut dans les Alpes orientales que dans les Alpes occidentales; on le retrouve jusque dans le voisinage des glaciers le long des torrens des Alpes, au milieu des débris et du gravier. Il pousse beaucoup de racines et repousse des drageons, ce qui rend sa culture plus facile. Cet arbre peut rendre de très bons services pour regarnir des pentes rapides et protéger les berges des torrens; aussi doit-on le cultiver autant que possible.

Les graines de ses deux espèces d'aunes mûrissent en automne et peuvent être semées à cette époque; on les récolte en coupant les petits chatons de l'année; mais il faut avoir soin de ne pas cueillir ceux qui sont déjà ouverts.

La troisième espèce d'aune, *l'aune vert* ou de montagne, ne devient pas un grand arbre, et ne se trouve guère que sous la forme de buissons ou d'arbrisseaux; mais comme elle croît encore jusqu'aux limites des neiges à 7000 pieds au-dessus de la mer, elle peut rendre de grands services pour garantir les pentes inférieures des avalanches et des éboulemens; elle mérite donc aussi d'être cultivée.

Du peuplier noir.

Cet arbre n'est pas un habitant des hautes régions, il craint le froid et l'air glacé des Alpes, c'est un arbre des plaines et du fond des vallées. Il devient très grand et son bois, quoique léger, peut servir à divers usages. On doit le propager le long des ruisseaux et sur le bord des rivières, où il peut rendre de grands services.

Le tremble (populus tremula),

redouté par les forestiers dans les coupes et les cultures, peut rendre de bons services pour regarnir des terrains dépouillés d'arbres dans les Alpes; car il se cultive facilement à découvert et s'élève à de grandes hauteurs. On le trouve jusqu'à 5000 pieds, et dans les forêts des Alpes il croît avec vigueur et pousse de profondes racines dans un sol favorable.

Nous ne parlerons pas des diverses espèces de saules qu'on trouve dans les Alpes, surtout le long des torrens et des rivières; mais malgré les dimensions modestes de la plupart de ces arbres, nous pensons qu'ils peuvent rendre de bons services pour garantir les berges des torrens.

Nous terminerons ici l'énumération des arbres dont nous pensons que la culture peut être utile pour le but qui nous occupe.

Il y aurait eu encore plusieurs espèces à citer, mais nous croyons de n'en pas avoir omis d'essentielles.

Quant aux arbres exotiques, nous n'en connaissons encore aucun qui puisse remplacer, dans le cas actuel, les arbres indigènes dont nous avons essayé d'indiquer les qualités les plus marquantes.

DE LA PRÉPARATION DU TERRAIN POUR LES SEMIS.

La plupart des terrains qui peuvent devenir l'objet de cultures forestières dans les contrées qui font l'objet de ce mémoire, ne sont guères appropriés, soit par leur situation, soit par leur composition, à subir une préparation soignée avant que d'être livrés aux cultures forestières; d'ailleurs il a été reconnu depuis longtemps qu'une préparation trop soignée, au lieu d'être avantageuse à ces cultures, pouvait leur devenir plutôt nuisible.

Cependant comme dans beaucoup de cas une certaine préparation du terrain est nécessaire, nous allons indiquer ces cas-là.

Des cas où l'on peut semer sans faire subir de préparation au terrain.

Lorsque le semis est fait dans le but de suppléer à un semis naturel dans une coupe ou sur un terrain dont tous les arbres ont été abattus récemment et qui n'est pas encore recouvert de plantes, ni fortement gazonné, alors on peut semer immédiatement et sans autre préparation que celle de faire enlever ou entasser les débris de la coupe qui empêcheraient les semis.

Lorsque le terrain n'est couvert que d'une herbe claire et peu élevée, de mousse ou de plantes *d'airelle*, ou de bruyère, peu serrées, alors on peut y semer des graines d'essences résineuses, de celle de bouleau et d'aune, sans autre préparation que celle de recouvrir plus ou moins ces graines avec un rateau suivant leur nature.

Des cas où le terrain doit subir une préparation préalable.

Lorsque l'ensemencement naturel d'une coupe n'a pas eu lieu immédiatement et que le sol s'est gazonné ou recouvert de plantes, surtout de bruyère, de genet, d'airelle, de manière à étouffer le semis, alors il faut absolument lui faire subir une préparation. Le moyen le plus simple consiste à enlever, avec la pelle, le gazon, ou à arracher les plantes par places ou plaques de 2 à 3 pieds de côté et de 4 à 5 pieds de distance les unes des autres, et à opérer le semis sur ces plaques; ou bien à faire lever le gazon ou arracher les plantes en question par bandes perpendiculaires à la pente ou aussi rapprochées que possible de la situation horizontale. On donne à ces bandes une largeur plus ou moins grande, 1 à 4 pieds suivant le plus ou le moins d'épaisseur de l'herbe ou des plantes dont le terrain est garni, et sa rapidité plus ou moins grande.

Un autre cas, très fréquent et difficile, est celui d'un terrain plus ou moins humide, quelquefois entièrement marécageux, quelquefois recouvert d'une couche d'herbes épaisses et serrées, propres à ces terrains-là. Ici il est indispensable de commencer par dessécher le terrain, avant que de vouloir y semer ou y planter des essences forestières; on y procède au moyen de fossés plus ou moins larges et plus ou moins profonds, que l'on établit dans les parties les plus basses et celles où les eaux auront l'écoulement le plus facile; en général il convient de creuser un fossé principal, autant que possible en ligne droite, dans lequel on conduit les eaux par des branches latérales qui aboutissent à ce fossé sous des angles plus ou moins aigus.

Dans les terrains en pente, on est obligé de tracer les fossés dans une direction oblique à la pente, afin qu'ils ne se creusent pas trop.

Des semis par plaques ou carrés.

Le semis *par plaques* ou *carrés* est un des plus utiles et des plus convenables à toutes les espèces de terrain, parce qu'on peut toujours proportionner la grandeur et la position de ces plaques à la nature et à la configuration du sol sur lequel on doit opérer.

Si le terrain est couvert d'une herbe épaisse ou de plantes d'une certaine hauteur, il est nécessaire de faire les plaques plus grandes que, si le terrain n'est couvert que d'un gazon court ou de plantes peu hautes.

On donne à ces plaques une dimension de 1 à 3 pieds de côté, suivant les circonstances, et on les place en quinconce, si cela est possible, à une distance de 4, 5 à 7 pieds, suivant que le terrain est plus ou moins fertile, plus ou moins aride. D'ailleurs, s'il est encombré de pierres ou de troncs d'arbres, on profite de toutes les places libres pour les établir. On lève l'herbe ou le gazon qui recouvre le terrain et on place les *mottes* de gazon ou les plantes extraites du côté du soleil pour abriter un peu les semis.

Il n'est pas nécessaire de cultiver ou de bécher le terrain après l'enlèvement du gazon, à moins qu'il ne s'agisse d'une terre très forte et très compacte; on se contente de semer par dessus le sol et de recouvrir légèrement les graines avec un rateau de fer ou de bois, plus ou moins suivant leur espèce.

Des semis par bandes.

On a recours à ce moyen de culture, lorsque le terrain ne présente pas d'obstacles, que son étendue est considérable et qu'on veut le garnir autant que possible.

Les bandes doivent être établies en travers de la pente, afin que les graines ne soient pas entraînées par les eaux.

On donne à ces bandes une largeur de 1 à 4 pieds, suivant la manière dont le sol est recouvert, et on les place à une distance de 4 à 6 pieds en se dirigeant d'après les mêmes circonstances que pour les plaques ou carrés.

On peut aussi, suivant les circonstances, se borner à tracer des sillons de 1 à 3 pouces de largeur et de profondeur dans lesquels on opère le semis. Ce genre de préparation présente l'avantage de pouvoir au besoin, lorsque cela est praticable, remplacer de la terre de mauvaise qualité par une terre plus fertile.

Quelques considérations sur les semis.

En général on doit, autant que possible, semer les graines forestières aussitôt après leur maturité; cependant dans les terrains très humides et exposés à des gelées précoces il convient de les renvoyer au printemps. Quelquefois aussi, lorsqu'ils sont exposés à être ravagés par les souris, on doit les renvoyer à la même époque. Toute graine quelconque a besoin pour germer de l'accès de l'air et d'un certain degré de chaleur et d'humidité; l'action immédiate du soleil est nuisible à la germination des graines. Chaque espèce de graine demande à être recouverte d'une certaine épaisseur de terre; lorsqu'on les enferme à une trop grande profondeur, elles ne germent pas du tout. Les semis ont besoin de plus ou moins d'abri suivant les espèces et la nature de l'exposition ou du climat.

On ne doit jamais faire des semis dans l'intérieur des forêts ou immédiatement sous les arbres, à moins que ceux-ci ne soient destinés à être enlevés au bout de peu de temps. Il y a ici à distinguer avec les arbres qu'on doit réserver à une distance convenable pour abriter et protéger les semis contre les grands froids ou l'ardeur du soleil.

On doit avant tout se procurer des graines parfaitement mûres, fraîches et de bonne qualité. Il convient de s'assurer de leur qualité par des essais et surtout en faisant germer un certain nombre de grains.

Après cela il est de la plus haute importance de n'employer pour faire ces semis, ainsi que pour les plantations, que des hommes intelligens et bien au fait, ou du moins qui soient dirigés par des hommes entendus. Nous allons indiquer de quelle manière on doit procéder au semis des graines forestières les plus essentielles, et quelles sont à-peu-près les quantités de graine qu'on doit y consacrer.

Du semis du hêtre.

La difficulté de conserver la faine d'une année à l'autre doit engager, autant que possible, à la semer en automne aussitôt après la récolte. Dans une coupe où il n'est question que de suppléer à un semis naturel ou de regarnir des vides, on fait avec une bêche ou essarde des petits creux de 2 à 3 pouces de profondeur et on y place 2 à 3 faines qu'on recouvre de 1 à 2 pouces de terre.

Lorsqu'on aura à semer dans des plaques ou dans des bandes, on pourra planter avec le doigt ou avec une petite pioche 2 à 3 faines par trou, en les recouvrant avec 1½ à 2 pouces de terre; mais comme les jeunes plantes sont fort délicates et ont besoin d'abri, on fera bien de semer auparavant du bouleau ou du pin sylvestre.

On emploie 140 à 160 livres de semence par pose de 50,000 pieds carrés ou 7 à 8 quarterons de faine dégagée de son enveloppe pour un semis complet; on peut diminuer cette quantité de ¼ ou même de moitié, quand on sème par plaques ou par bandes.

Du semis de l'érable.

Il est bien rare qu'on soit appelé à faire un semis d'essence pure d'érable; car on ne rencontre que bien rarement des massifs d'une certaine étendue de cette espèce d'arbres en Suisse; le plus souvent elle se trouve mélangée avec d'autres essences feuillues ou résineuses. Nous conseillerions aussi d'imiter ce mélange et de mêler les diverses espèces d'érables avec du hêtre, du melèze et du sapin, en ayant soin néanmoins de semer chaque espèce de graine dans des creux séparés.

Les semis du printemps sont à préférer sur ceux d'automne, à raison de ce que les jeunes plantes souffrent beaucoup des gelées précoces.

On compte 60 livres de graine par pose pour un semis complet et par conséquent 20 à 30 livres brutes pour un semis par plaques ou par bandes.

On sème à la main, après avoir un peu froissé la graine pour en séparer les ailes; on la recouvre d'un quart à un demi pouce de terre.

Du semis du bouleau.

Il convient de semer cette graine aussitôt après sa maturité; il faut choisir un temps calme et même un peu humide, afin d'éviter que la graine ne soit emportée par le vent. On peut semer aussi sur la neige au printemps. La graine de bouleau n'exige presqu'aucune couverture, ou, si on la recouvre, ce doit être fort légèrement. Lorsqu'on sème en plein sur un terrain découvert, il faut attendre que le sol soit bien affermi, afin que la graine n'ait pas à souffrir du gel ou de la chaleur. Pour un semis complet on emploie 25 à 30 livres par pose et seulement 12 à 15 livres pour un semis par plaques ou par bandes.

Le bouleau est un excellent moyen de procurer de l'abri au hêtre et au sapin blanc qu'on veut introduire dans des semis à découvert; pour cela il faut semer d'abord le bouleau et ne semer le hêtre et le sapin que, lorsque les plantes de bouleau ont atteint 5 à 8 pouces de hauteur.

Du semis du sapin rouge.

Lorsqu'on veut semer du sapin rouge dans une coupe où l'ensemencement naturel est insuffisant, si le terrain n'est pas encore gazonné ou couvert de plantes trop hautes et serrées, on peut semer à la volée au printemps, aussitôt que la neige est retirée; on recouvre légèrement la graine à $1/4$ de pouce, en grattant avec un rateau ou en trainant un fagot d'épines, si le terrain le permet.

Si le terrain est recouvert de branches d'arbres et d'autres débris de la coupe, il faut faire ramasser ces débris par lignes horizontales, ou par *ondins*, en laissant entre les lignes un intervalle libre de 2 a 3 pieds de largeur dans lequel on sème la graine, et on la recouvre ensuite avec un rateau.

Si l'on fait un semis par bandes ou par carrés, on sème avec la main et on recouvre légèrement. Une méthode qui réussit fort bien consiste à tracer dans les carrés ou bandes, avec un morceau de bois rond, des petits sillons à 6 à 7 pouces de distance et de $1/2$ pouce de profondeur, dans lesquels on sème la graine, et on la recouvre ensuite avec la main. On compte 20 à 25 livres de graine non ailée pour un semis plein par pose, et 12 à 15 suffisent en semant par bandes ou par carrés.

Si le semis a beaucoup à souffrir de la chaleur, il vaut mieux le renvoyer à l'automne.

Dans les expositions arides et au midi il faut recouvrir les bandes ou les carrés avec de la mousse ou avec des petites branches; mais cette couverture doit être fort légère et on doit l'enlever, dès que les plantes peuvent s'en passer.

Des semis de melèze.

On sème le melèze au printemps, dès que la neige est retirée, ou en automne dans les endroits où la neige séjourne longtemps; la graine semée au printemps lève au bout de 3 à 4 semaines, celle qui est semée en automne lève au printemps suivant. Il arrive souvent que les petites plantes atteignent dès la première année une longueur de 2 à 3 pouces. Les procédés à suivre pour ces semis sont absolument les mêmes que pour ceux du sapin rouge et les quantités sont les mêmes. Je ne saurais pas conseiller de faire des semis de melèze d'essence pure; il convient sous tous les rapports de mêler cette graine soit avec de la graine de pin sylvestre, soit avec de l'arole, soit avec du sapin rouge et même avec des essences feuillues. Les semis de pin sylvestre ne présentant rien de particulier, on sème la graine au printemps; elle lève au bout de 4 à 6 semaines; la graine doit être peu recouverte; 10 à 15 livres suffisent pour les semis pleins, et 8 à 10 livres pour des semis par bandes ou par plaques. Nous ne croyons pas nécessaire de pousser plus loin cette indication des semis, puisque ceux dont il nous resterait encore à parler ne présentent rien de bien particulier.

Il nous resterait à dire quelque chose des précautions à prendre pour garantir les semis des divers accidens auxquels ils sont exposés; nous en avons déjà parlé en traitant des diverses espèces de semis. Il nous reste seulement à recommander de porter un oeil attentif sur leur réussite et de ne pas négliger de compléter par des plantations de jeunes plantes ceux qui auraient manqué par places. Il arrive aussi assez souvent que les semis sont trop épais, et alors il devient nécessaire de les éclaircir; mais cette opération doit se faire avec beaucoup de précautions, en arrachant avec les mains les plants surnuméraires et en prenant bien garde de ne pas soulever ou endommager les racines de ceux qui restent. On peut de cette manière se procurer beaucoup de plants pour des cultures.

Ce qui est de la plus grande importance, c'est de garantir soigneusement les semis de la dent du bétail et particulièrement de celle des chèvres et des moutons; car rien ne retarde autant les arbres dans leur croissance que d'être broutés pendant leurs premières années. On doit défendre sévèrement aux bergers de conduire leurs troupeaux dans des endroits où il existe des cultures forestières, et on fera bien d'en empêcher absolument l'accès en les entourant de clôtures en bois refendu, en branches ou pieux de sapin, ou en murs secs; ces clôtures doivent être assez hautes et assez solides pour que le bétail ne puisse pas les franchir.

DES PLANTATIONS.

Comme nous avons déjà indiqué dans quelles occasions on devait avoir recours aux plantations, nous ne reviendrons pas là-dessus et nous allons écrire les diverses opérations qui ont rapport à ce mode de culture.

Des moyens à employer pour se procurer des plants de bonne qualité.

On peut se procurer des plants:

1) dans les semis trop épais, soit dans des semis artificiels, soit dans les semis naturels qui existent dans les coupes, mais à l'égard de ceux-ci il est important de ne jamais prendre des plants dans des endroits trop à l'ombre où ils ont cru trop serrés, parce que leurs racines ne sont pas assez développées.
2) dans des pépinières établies à cet effet.

Des pépinières.

Nous croyons qu'il serait inutile au but de ce mémoire d'entrer dans les détails de l'établissement et de l'entretien d'une pépinière, parce que dans les contrées dont nous nous occupons il se présentera peu d'occasions où l'on puisse en établir avec avantage, et que, pour l'ordinaire, on se procurera des plants dans les semis comme nous venons de l'indiquer, ou en faisant venir des parties inférieures des vallées; mais cependant comme il y a un grand avantage à pouvoir planter des plants qui ont été élevés dans un sol et un climat analogues au sol et au climat où l'on doit les transplanter, il existe un moyen fort simple de se procurer cette ressource. On choisira un endroit bien exposé, ni trop au chaud, ni dans une exposition trop froide, en général à mi-côte, sur une terrasse naturelle et dans la proximité de la forêt où les cultures doivent se faire; là on fera labourer à la pelle un quart, une demi ou même une pose de terrain, suivant les besoins, on attendra que le terrain soit bien affermi et on y sèmera, soit en automne, soit au printemps, les essences dont on veut se procurer des plants. Il convient, autant que possible, de les semer par lignes à un pied ou environ de distance, afin d'en faciliter l'accès et de pouvoir arracher les mauvaises herbes et au besoin sarcler les plants, lorsque la terre se durcit. Lorsque les semis auront de 6 à 10 pouces de hauteur et paraîtront suffisamment forts, on pourra les transplanter sur place, ce qui doit avoir lieu déjà la seconde ou au plus la troisième année. Si on voulait avoir des plants d'une plus grande dimension, alors il serait nécessaire de les transplanter dans une portion particulière de la pépinière, qui prend alors le nom de *batardière* et où on les laisse jusqu'à ce qu'ils soient parvenus à la grosseur qu'on désire.

Il est cependant nécessaire de faire observer ici que cette transplantation dans la batardière ne concerne guères que les essences feuillues, attendu qu'à l'exception du melèze, qui peut supporter avec avantage même d'être mis en batardière pendant 2 à 3 ans, elle ne convient pas aux autres essences résineuses, qu'il vaut mieux planter en place en les sortant de la pépinière et qu'il ne convient pas de transplanter, lorsque les plants dépassent un pied à 1½ pied de hauteur.

De la saison la plus convenable pour faire les plantations.

Le moment le plus convenable pour faire les plantations est l'époque de la chute des feuilles en automne avant le gel; cependant plusieurs circonstances peuvent engager à renvoyer les plantations jusqu'au printemps; ainsi dans les terrains un peu humides et où les racines peuvent être soulevées par le gel, il vaut mieux planter au printemps.

Les essences résineuses se plantent avec avantage au printemps; le melèze seul demande à être planté de préférence en automne, à raison de ce qu'il est extrêmement précoce et qu'une fois qu'il commence à pousser, la réussite des plants devient douteuse.

Toutefois ce qui paraît le plus convenable, c'est de s'en remettre à l'expérience que l'étude du sol et du climat de chaque localité aura procurée, et de se conduire en conséquence sans rien prescrire de positif à cet égard; parce qu'il n'est pas douteux que ce qui pourrait convenir parfaitement dans un endroit, ne serait pas avantageux dans un autre. Tout dépend de l'exposition, de la hauteur au-dessus de la mer, de l'époque à laquelle les neiges commencent à prendre pied et de celles à laquelle elles se fondent au printemps: tout autant de circonstances qui doivent nécessairement influer beaucoup sur l'époque des plantations.

De la distance à mettre entre les plants, ou de l'espacement.

Les opinions des forestiers ont beaucoup varié depuis un certain nombre d'années à ce sujet; tandis que les uns pensent qu'il est nécessaire, pour avoir des bois qui filent droit et qui soient dépourvus de branches et par conséquent de noeuds, de planter assez rapproché, d'autres sont d'avis qu'on obtient les mêmes résultats et avec beaucoup moins de dépense, en mettant un intervalle assez grand entre les plants. Nous pensons qu'ici comme en beaucoup d'autres choses, le bien se trouve dans un juste milieu; le tout dépend des circonstances; en effet si dans beaucoup de cas, il convient de planter serré, dans d'autres on peut sans inconvénient mettre une distance plus grande entre les plants. Le plus sûr est d'étudier les indications fournies par la nature elle-même et de s'y conformer avec discernement.

On sait que chaque arbre a besoin d'un certain espace pour se nourrir et pour acquérir tout le développement dont il est susceptible et que cet espace doit augmenter avec les dimensions de l'arbre. Lorsque les plants sont trop serrés, ils se nuisent réciproquement; les tiges croissent en hauteur et s'allongent, mais leurs racines ne pouvant pas s'étendre et procurer à l'arbre toute la nourriture dont il a besoin, il dépérit et finit par périr.

En revanche dans les plantations trop éloignées ou trop claires, les branches s'étendent trop, les arbres ne filent pas droit, le terrain se couvre d'herbes, de mousses et d'arbrisseaux qui absorbent toute la substance, et les plantations dépérissent et finissent par être étouffées. Pour éviter ces deux écueils également fâcheux, il faut observer les règles suivantes:

Plus le sol est de mauvaise qualité, plus il est aride, exposé au soleil ou au froid, et plus les plantations doivent être rapprochées.

Au contraire, plus le sol est fertile et frais, plus il est abrité contre les ardeurs du soleil ou les vents glacés du nord ou les grands froids, et plus on peut espacer les plants dont la végétation vigoureuse et le développement rapide ne tardera pas à garnir l'espace qu'on aura laissé entr'eux.

Les arbres résineux, surtout le sapin rouge et le sapin blanc, demandent à être plus serrés que les essences feuillues; en général le melèze et le pin sauvage supportent mieux et exigent même un plus grand espacement.

Le chêne peut être planté à de plus grandes distances que le hêtre, qui supporte moins bien une situation isolée. En outre plus les plants sont de fortes dimensions et plus ils ont besoin d'espace.

En général pour des plants de 1 à 2 pieds de hauteur une distance de 3 à 5 pieds est la plus convenable, ce qui pour une pose de 40,000 pieds carrés exige de 1600 à 4444 plants; plus près ce serait faire une dépense inutile, et plus loin cela peut offrir des inconvéniens.

Dans un terrain fertile et abrité on pourra planter les plants d'ormeau, d'érable, de frêne, de pin, de sapin et de melèze de $\frac{1}{2}$ à 1 pied de hauteur à 4 pieds de distance, ce qui pour une pose ou arpent de 40,000 pieds fera 2500 plants.

Si les plants ont de $1\frac{1}{2}$ à 2 pieds on pourra les planter à 5 pieds de distance, ce qui fera 1600 plants par pose.

Si le terrain est léger ou aride ou de mauvaise qualité ou dans une situation élevée et froide, les plants de ½ à 1 pied devront être plantés à 3 pieds de distance, soit à raison de 4444 par pose. Si les plants ont 1½ à 2 pieds, on pourra les planter à 4 pieds, soit à raison de 2500 par pose.

Si les plants sont de plus grandes dimensions on devra augmenter proportionnellement la distance, mais en général il vaut mieux ne pas planter de trop grands sujets.

Considérations sur le terrain qui est destiné à être planté en nature de bois.

On a déjà indiqué à la page 54 de ce mémoire comme un des motifs qui doivent engager à donner la préférence aux semis sur les plantations la circonstance d'un terrain envahi par des herbes longues et épaisses, ou par la bruyère ou l'airelle ou d'autres arbustes ou sousarbrisseaux qui ne permettaient pas aux jeunes plants de se faire jour. Mais il ne suit pas nécessairement de là qu'on puisse planter avec succès dans un pareil terrain; il est au contraire nécessaire de lui faire subir une préparation qui puisse écarter autant que possible ces obstacles qui pourraient devenir plus ou moins nuisibles à la réussite des plantations. On sentira bien qu'il ne peut pas être question dans des pays de montagnes de faire subir une préparation complète au terrain, mais seulement de le découvrir en partie et par places, là où cela sera nécessaire. A cet effet on peut se contenter de découvrir le terrain ou de le nettoyer par bandes de 3 à 4 pieds de largeur, et à 5 ou 6 pieds de distance, ou par plaques de 3 à 4 pieds carrés à la distance de 6 à 7 pieds les uns des autres, ou seulement de faire arracher les plantes ou les grandes herbes dans les endroits où l'on veut faire les trous.

Des diverses manières de planter dans les forêts.

La manière la plus ordinaire de planter dans les forêts consiste à faire des creux proportionnés à la grosseur du plant qu'on veut y placer; on peut aussi planter dans des fossés qu'on recouvre ensuite avec soin, ou enfin on peut planter avec la motte. La première règle à observer est que le trou ou creux destiné à recevoir le plant soit assez large pour que les racines puissent y trouver place sans être gênées, et assez profond pour que le plant y soit placé exactement comme il l'était là où il a été élevé.

Lorsque le terrain est d'une nature argileuse et tenace, on peut, avec avantage, faire les creux à l'avance et on a soin de séparer à côté du trou la bonne terre qu'on réserve pour garnir les racines, de la mauvaise avec laquelle on achève de remplir le creux; l'influence de l'air, du soleil et de la pluie agissant efficacement sur la terre qui s'y trouve exposée; mais dans les terrains humides ou de nature peu consistante cette précaution serait plutôt nuisible qu'utile.

De l'extraction et du choix des plants ainsi que de la préparation à leur faire subir.

Soit que les plants qu'on veut employer aient été pris dans des clairières des forêts ou dans des semis trop épais, ou qu'on les ait élevés dans des pépinières, on doit faire ensorte de les arracher avec assez de soins et de précautions pour ne pas les endommager et surtout pour conserver leurs racines intactes. A cet effet il ne faut pas les arracher avec les mains, mais les extraire avec une pelle qu'on enfonce autant que possible sous les racines; cette extraction ne doit pas se faire par un temps trop froid, parceque les racines exposées tout-à-coup à un air vif pourraient en souffrir autant que de l'action d'un soleil ardènt; on ne doit pas extraire à la fois un plus grand nombre de plants que celui qu'on peut planter en un jour; si l'on est obligé d'en extraire davantage, il faut avoir soin de recouvrir les racines pour qu'elles ne se dessèchent pas. Si l'on est obligé de renvoyer la plantation de quelques jours, il faut alors placer les plants par rangées dans des petits fossés ouverts dans un carreau de jardin ou dans un endroit convenable de la forêt et recouvrir de terre leurs racines.

Si l'on est dans le cas de les transporter à une certaine distance, il faut envelopper les racines avec de la mousse et recouvrir le tout avec de la paille.

On ne doit pas non plus transporter sur le terrain une plus grande quantité de plants que celle qu'on peut planter à la fois, et dans tous les cas il faut éviter d'exposer les plants et surtout les racines au grand soleil ou à un courant d'air froid; avant que de les planter on doit s'assurer que les racines ou la tige n'ont pas été endommagées par l'extraction et que les plants sont vigoureux et bien développés; on retranchera avec un couteau soit *serpette* bien affilée les racines ou les branches qui auraient été endommagées, mais il faut éviter de couper la tige principale.

Il faut se rappeler que les essences résineuses supportent moins la taille que les essences feuillues. En général on ne doit pas planter des plants trop grands et de plus de 3 à 4 ans, c'est-à-dire de 1 à 2 pieds de haut, parcequ'ils reprennent avec moins de facilité que les petits.

De la plantation elle-même.

On doit éviter de planter par un temps très froid ou par un temps trop pluvieux, parce qu'il ne convient pas de regarnir les racines avec de la terre gelée ou détrempée par l'eau.

Quant à la manière de planter, elle est toute simple. On tient le plant de la main gauche au milieu du creux; avec la main droite on étale les racines et on les regarnit avec la terre sortie du trou en observant de prendre la plus meuble et la meilleure pour cette opération et en ayant soin de ne point laisser de vides; on assujettit le plant et on tasse la terre avec la main ou bien, quand le creux est plein, on presse légèrement dessus avec le pied, mais on ne doit point serrer trop fortement ou par secousses, afin de ne pas briser les racines. On doit en général planter les plants à la même profondeur qu'ils avaient auparavant, mais lorsque le terrain est humide, il convient de laisser la terre un peu plus haute dans le creux qu'alentour, au contraire lorsque le terrain est fort sec et exposé au soleil, il convient de ne pas remplir le creux entièrement, c'est-à-dire d'y laisser une légère dépression dans laquelle l'eau de pluie puisse se rassembler.

Quand on plante de petits plants de ½ à 1 pied de haut, il y a beaucoup d'avantage à avoir un certain nombre d'ouvriers qu'on place sur deux ou sur trois lignes parallèles, à la distance à laquelle on veut espacer les plants. Ceux de la première ligne font les creux et mettent la terre à côté; ceux de la seconde placent les plants dans les creux et commencent à garnir les racines; ceux de la troisième ligne achèvent de combler les creux.

Si le temps devenait très sec après une plantation faite au printemps et qu'on eût quelque facilité à avoir de l'eau à portée, il conviendrait d'arroser les plants; mais en général cela n'est guère praticable dans les forêts.

De la plantation avec la motte.

Malgré tous les soins qu'on peut prendre pour l'extraction et la plantation des plants, il n'est pas douteux que ces opérations leur sont toujours plus ou moins préjudiciables et qu'ils en souffrent à différens degrés. On évite la plupart de ces inconvéniens en transplantant les sujets avec la *motte*, c'est-à-dire avec la terre qui garnit les racines; mais cette opération exige des soins et devient assez coûteuse pour des plants d'une certaine grandeur. On a trouvé un moyen simple et fort expéditif de transplanter des plants de petites dimensions: c'est une pelle dont la lame est recourbée en forme de cylindre ou plutôt de cône tronqué, de 5 à 6 pouces de hauteur sur 3 à 4 pouces de diamètre, à laquelle est adaptée un manche de 3 pieds de longueur avec une poignée transversale qui sert à la retourner plus facilement; on place cet instrument sur le plant qu'on veut extraire, de manière à ce qu'il se trouve exactement au milieu; on l'enfonce en terre en appuyant le pied dessus, jusqu'à ce que la lame soit complètement enterrée, et alors, au moyen de la poignée, on lui fait décrire un demi-tour qui suffit pour détacher la motte qui entoure le plant. On soulève la motte et en passant le pouce dans la fente qui sépare les deux bords de la pelle, on la fait sortir et on la reçoit dans la main droite. Les plants extraits avec la motte sont placés sur des civières ou dans des paniers pour être transportés à leur destination ; on les plante alors dans des trous faits avec un instrument du même calibre et dans lesquels ils s'adaptent exactement. Il est facile de comprendre les avantages que présente cette méthode au moyen de laquelle le plant est transplanté, sans qu'on touche à ses racines et sans le sortir de la terre dans laquelle il a végété jusqu'alors. On peut, d'ailleurs, planter ainsi avec succès des terrains d'une qualité trop mauvaise pour que des plantations faites suivant la méthode ordinaire puissent y réussir, en y transportant des plants qui ont crû dans un terrain d'une qualité meilleure.

Cette méthode au surplus n'est applicable qu'à des plants de petite dimension, c'est-à-dire de ½ à 1 pied au plus de hauteur, et essentiellement aux essences résineuses ; quant aux essences feuillues, surtout au chêne et au hêtre, on est obligé de retrancher l'extrémité du pivot, avant de mettre la motte en terre.

Un des grands avantages de la transplantation avec la motte est de pouvoir transplanter à-peu-près en toute saison, ce qui fait qu'on peut planter plus tôt en automne et plus tard au printemps.

Un autre avantage c'est la diminution de la dépense, car de cette manière on plut planter à très bon marché et presque à moitié prix de ce que coûte une plantation ordinaire.

Mais en revanche un obstacle assez grand provient de la difficulté de transporter les plants à une grande distance.

Lorsqu'on a une grande étendue de terrain à planter avec le *transplantoir*, on se sert de deux cordeaux pourvus de noeuds à la distance à laquelle on veut planter ; un des cordeaux sert à déterminer la distance des creux dans la direction de la ligne des plants, et l'autre, placé dans une direction perpendiculaire à cette ligne, sert à déterminer l'intervalle entre les lignes. Deux ouvriers qui tiennent chacun une des extrémités du cordeau, le transportent en avant, à mesure qu'on perce les creux.

De la plantation par touffes (Büschelpflanzung).

Ce mode de plantation, qui paraît être originaire des forêts du Harz, consiste à mettre dans un même trou une touffe de 3 à 5 petits plants de sapin rouge qu'on extrait de sémis fort épais élevés à cet usage ; on en fait aussi avec du hêtre. Cette plantation peut être très avantageuse dans une situation élevée et dans un climat rigoureux, parce qu'on peut compter sur la reprise de 1 à 2 plants au moins. On ne doit la faire qu'avec des plants de petites dimensions, mais vigoureux et ne pas mettre au-delà de 3 à 5 plants par trou; elle se fait avec facilité au moyen du transplantoir.

Des soins à donner aux plantations.

Malgré qu'il ne puisse pas être question de donner à des plantations forestières les mêmes soins qu'on prodigue à celles d'arbres fruitiers ou d'arbres d'agrémens, ce serait néanmoins un mauvais calcul que de les abandonner entièrement à elles-mêmes; les plantations sont exposées à beaucoup de chances plus ou moins nuisibles qui mettent obstacle à leur réussite et souvent les détruisent en tout ou en partie; il est donc essentiel de chercher par quelques soins à éloigner ces causes de destruction. Il est difficile de les protéger contre l'excès du froid ou de la chaleur, mais on peut par des sarclages diminuer la masse des herbes nuisibles; on peut aussi chercher à détruire les insectes et les souris qui rongent l'écorce des arbres feuillus; on doit surtout en écarter attentivement le bétail de quelque espèce qu'il soit; enfin il faut ne pas négliger de remplacer avec des plants élevés en pépinière ceux qui viennent à périr.

Du coût des semis et plantations.

Il nous paraît assez nécessaire de donner un aperçu du coût des travaux de culture forestière que nous avons décrite dans ce mémoire, afin qu'on puisse se faire une idée de la dépense qui en résulterait pour une étendue donnée de terrain. Mais ne connaissant pas le prix de la main d'oeuvre dans les diverses contrées qui font l'objet de ce mémoire, nous ne pourrons indiquer ces prix que d'une manière relative, en partant de ceux qui sont en usage dans le Canton de Vaud.

Coût du semis d'une pose de 40,000 pieds carrés en graine de sapin rouge.

Semis en plein à la volée sur une coupe récente et non gazonnée.

	Fr.	Btz.
15 livres de graine à 4 Btz.	6 Fr.	— Btz.
3 journées pour la semer	3 »	6 »
	9 Fr.	6 Btz.

Semis par plaques de 2 pieds de côté soit 16 pieds carrés à 4 pieds de distance; 1600 plaques de 4 pieds carrés:

	Fr.	Btz.
16 journées pour les faire à 12 Btz.	19 Fr.	2 Btz.
12 livres de graine à 4 Btz.	4 »	8 »
4 journées pour semer	4 »	8 »
	28 Fr.	8 Btz.

Semis par plaques de 4 pieds de côté à 6 pieds de distance; 493 plaques de 16 pieds carrés :

16 journées pour les faire	19 Fr.	2 Btz.
10 livres de graine	4 »	— »
3 journèes pour la semer	3 »	6 »
	26 Fr.	8 Btz.

Semis par bandes de 3 pieds de largeur espacées à 5 pieds de l'une à l'autre. 25 bandes de 3 pieds de largeur sur 200 de longueur :

12 journées	14 Fr.	4 Btz.
15 livres de graine	6 »	— »
5 journées pour la semer	6 »	— »
	26 Fr.	4 Btz.

Semis d'une pose de 40,000 pieds carrés par plaques de 2 pieds de côté :

16 journées pour faire les 1600 plaques	19 Fr.	2 Btz.
12 livres graine de melèze à 9 Btz.	10 »	8 »
12 livres graine de bouleau à 2 Btz.	2 »	4 »
6 journées peur semer	7 »	2 »
	39 Fr.	6 Btz.

Semis d'une pose de 40,000, en graine de melèze et de pin sylvestre par plaques de 2 pieds :

12 livres de graine de pin	14 Fr.	4 Btz.
4 livres de melèze	3 »	6 »
5 journées pour la semer	6 »	— »
16 journées pour les plaques	19 »	2 »
	43 Fr.	2 Btz.

En substituant la graine de sapin rouge à celle de pin, on aurait une diminution de 9 Fr. 6 Btz., ce qui réduirait les frais à 33 Fr. 6 Btz.

Semis d'une pose de 40,000 pieds carrés en hêtre;

100 livres ou 5 à 6 quarterons de faine à 12 Batz. le quarteron	7 Fr.	2 Btz.
12 livres de pin sylvestre	14 »	4 »
16 journées pour planter la faine et semer le pin	19 »	2 »
	40 Fr.	8 Btz.

En remplaçant la graine de pin par du sapin rouge, on ferait une économie de 9 Fr. 6 Btz., ce qui réduirait les frais à 31 Fr. 2 Btz., et en graine de bouleau au lieu de sapin on ferait une économie de 12 Fr., ce qui réduirait les frais à 28 Fr. 8 Btz.

Au moyen de ces données, que nous ne pouvons présenter que comme tout-à-fait approximatives, on pourra calculer facilement le prix de revient des autres espèces de semis. On comprend au surplus que ces prix doivent varier infiniment suivant le taux des journées et celui auquel on pourra se procurer les semences.

Nous allons maintenant présenter quelques calculs analogues sur le coût des plantations.

Coût d'une plantation de sapin, melèze ou hêtre, espacés à 3 pieds en tous sens, pour une pose de 40,000 pieds:

4444 plants de sapin à 2 Fr. le millier au moins	8 Fr. 9 Btz.
22¼ journées à 12 Btz.	26 » 7 »
	35 Fr. 6 Btz.

En plantant moitié melèze et moitié sapin ou hêtre etc., on aurait le devis suivant:

2222 melèze à 6 Fr.	13 Fr. 35 Rp.
2222 sapins ou hêtres à 2 Fr.	4 » 45 »
22¼ journées	26 » 70 »
	44 Fr. 50 Rp.

En espaçant les plants à 4 pieds, il faudrait

2500 plants à 2 Fr. le millier	5 Fr.
Frais de plantation à raison d'une journée pour 200 plants, 12½ journée à 12 Btz.	15 »
	20 Fr.

En plantant tout en melèze, il faudrait

2500 melèzes à 6 Fr.	15 Fr.
12½ journées pour les planter	15 »
	30 Fr.

En plantant moitié melèze et moitié sapin ou hêtre etc., on aurait le devis suivant:

1250 melèzes à 6 Fr.	7 Fr. 5 Btz.
1250 sapins à 2 Fr.	2 » 5 »
12½ journées	15 » — »
	25 Fr. — Btz.

En plantant à 5 pieds de distance, il ne faudrait que 1600 plants,

dont le coût serait de	3 Fr.	2 Btz.
8 journées pour les planter	9 »	6 »
	12 Fr.	8 Btz.

En plantant moitié melèze et moitié sapin, le coût s'élèverait à 16 Fr.

Si au lieu de plants de 1 pied de haut environ on voulait employer des plants de $1\frac{1}{2}$ à $2\frac{1}{2}$ pieds de haut, il deviendrait nécessaire de faire des creux de 8 à 10 pouces de côté et d'autant de profondeur, dont un homme peut faire de 80 à 100 par jour, en moyenne 90, ce qui pour une plantation de sapin à 4 pieds de distance ferait:

$27\frac{1}{7}$ journées à 12 Btz.	23 Fr.	3 Btz.
8 journées pour planter	9 »	6 »
1250 melèzes à 10 Btz.	12 »	5 »
1250 sapins à 4 Btz.	5 »	— »
	50 Fr.	4 Btz.

En plantant à 5 pieds, les frais seraient réduits comme suit:

1600 creux, à 90 par jour, $17\frac{3}{4}$ journées	21 Fr.	2 Btz.
800 melèzes à 10 Btz.	8 »	— »
800 sapins à 4 Btz.	3 »	2 »
5 journées pour planter	6 »	— »
	38 Fr.	4 Btz.

En plantant avec le transplantoir, on pourrait diminuer ces frais d'un quart à un tiers. On peut compter qu'un homme peut extraire au moins 400 plants par jour et en planter autant; pour 2500 plants cela ferait

$6\frac{1}{4}$ journées	7 Fr.	5 Btz.
Autant pour planter	7 »	5 »
2800 melèzes à 6 Btz.	15 »	— »
Transport des plants à 2 Fr. par cent	5 »	— »
	35 Fr.	— Btz.

Pour 1600 plants à 6 Fr.	9 Fr.	6 Btz.
4 journées pour extraire les plants et 4 pour les planter, en tout	9 »	6 »
Transport des plants à 2 Fr. par mille en moyenne	3 »	2 »
	22 Fr.	4 Btz.

Tous ces prix seraient probablement encore susceptibles de réduction suivant le taux de la main d'oeuvre et les facilités plus ou moins grandes qu'on éprouverait à se procurer des plants convenables.

MOYENS D'EXÉCUTION.

Ce n'est pas le tout que d'indiquer les procédés à suivre dans les semis et les plantations, il faut encore s'assurer des moyens de se procurer de la graine, des plants et par dessus tout des hommes propres à exécuter ces travaux, ou du moins à les diriger. La récolte des semences forestières est une industrie encore peu répandue en Suisse, cependant elle commence à s'y introduire, et, avec un peu d'encouragement, elle pourrait bien vite être portée au point de pouvoir fournir aux besoins du pays; en attendant il faudra bien se soumettre à tirer de l'étranger les graines qu'on ne pourra se procurer dans l'intérieur. Quant aux plants destinés aux cultures, on est obligé de les prendre dans les localités mêmes, et nous avons indiqué les moyens de se les procurer. Il ne sera pas tout-a-fait aussi aisé de trouver des hommes au fait des travaux de cultures forestières, il faudra donc en former ou en faire venir des pays où il en existe. Ce qui paraîtrait le plus convenable, serait d'envoyer pendant une année ou deux des jeunes gens intelligens faire un apprentissage auprès d'un forestier instruit et en même temps *pratique*, comme il y en a beaucoup en Allemagne, et dans une contrée qui ait quelques rapports avec la Suisse, comme dans l'Alp du Wurtemberg ou au Harz ou même dans le Thuringerwald. Cette dépense ne serait pas fort considérable et de cette manière on parviendrait à répandre peu-à-peu les bonnes méthodes et des notions plus saines sur les cultures forestières que celles qu'on possède chez nous et surtout dans les montagnes. Ce serait aussi le véritable moyen d'éviter de faire des dépenses inutiles, en confiant des cultures à des personnes qui ne seraient pas à même de les exécuter. Cependant comme il se passera certainement toujours un temps plus ou moins long, avant que ce projet soit mis à exécution, si toutefois il était adopté, je voudrais dès-à-présent faire des essais de distribution de graines forestières aux communes dont les forêts ont le plus souffert, et tâcher de les remettre à des personnes intelligentes, auxquelles on donnerait en même temps une instruction imprimée, analogue à celle que nous présentons ici et qui prendraient l'engagement de s'y conformer; il faudrait que cette mesure fut autorisée par les gouvernemens cantonaux et appuyée par eux auprès des communes en question. Un rapport sur l'emploi des graines et des plants, ainsi que sur le résultat des travaux exécutés, serait remis par les autorités communales. Mais pour être d'autant mieux assurés des résultats obtenus, il serait indispensable de charger un expert de visiter chaque année les contrées où ces cultures auraient été entreprises. Quant à la somme à destiner à ces cultures, voici à-peu-près quel serait notre préavis. On a pu voir par les détails que nous avons établis pour les diverses cultures qu'on pouvait compter en moyenne environ 30 francs par pose pour des semis et environ 35 pour des plantations; pour une somme de 1000 Fr. on pourrait donc cultiver environ 30 poses par an. Mon opinion serait donc de prendre sur les fonds réservés pour chacun des trois Cantons d'Uri, du Tessin et du Valais 1000 Fr. qui seraient appliqués en partie à des achats de graines forestières, c'est-à-dire à de la graine de melèze, de sapin rouge, de pin et d'arole et en partie à des achats de plants qui seraient pris dans le pays même; une part proportionnelle de cette somme serait faite pour les travaux de préparation du terrain de semis et de plantations. Peut-être pourrait-on pour le premier essai se contenter de la moitié ou du tiers de cette somme pour la première année. Ces graines et ces plants seraient repartis entre cinq à dix des communes qui auraient le plus besoin de ces cultures; ainsi dans le Tessin à celles du Val Maggia et de la vallée de Blegno; dans le Valais aux communes de la vallée de Conches, de Saas et de St. Nicolas.; dans le Canton d'Uri aux communes de Geschenen, Wasen, Erstfeld, Amstäg. A cet égard on devrait s'en rapporter aux indications fournies par les gouvernemens de ces Cantons.

On ne doit point se dissimuler les obstacles et les difficultés de toute espèce contre lesques on aurait à lutter; mais il paraît que la chose est assez importante, pour qu'il vaille la peine de la tenter.

Pour finir la tâche que nous nous sommes imposée, il nous resterait encore à indiquer les mesures législatives et de police forestière qui devraient être adoptées et mises en vigueur pour arrêter, si cela est possible, l'oeuvre de la dévastation des forêts, qui se poursuit avec une activité effrayante dans tous les Cantons de la Suisse, mais plus particulièrement dans ceux dont nous nous occupons ici.

MESURES LÉGISLATIVES.

Mesures générales.

1) Aucune forêt ou portion de forêt appartenant à l'état ou à une commune ne pourra être vendue à des particuliers du pays ou à des étrangers, à moins d'une autorisation spéciale du Grand Conseil du Canton, sous peine de nullité de la vente.
2) Les forêts des corporations ou celles de particuliers ne pourront être vendues sans une autorisation du Conseil d'état.

3) Les forêts cantonales (là où il en existe), communales, celles des corporations et des particuliers seront soumises à un régime forestier, qui sera établi par la loi.
4) Aucune forêt communale ne pourra être défrichée sans une autorisation spéciale du Grand Conseil; s'il s'agit d'une forêt appartenant à une corporation ou à des particuliers, une autorisation du Conseil d'état sera nécessaire.

De l'aménagement.

5) Les forêts des communes devront être soumises à un aménagement régulier, qui aura pour but d'assurer la conservation de la forêt et de favoriser l'accroissement de ses produits.
6) Les forêts de haute futaie de bois feuillu (chêne, hêtre etc.) ne pourront être transformées en taillis sans une autorisation spéciale.
7) L'aménagement des forêts communales sera établi par des experts forestiers; il devra être soumis à la sanction du Conseil d'état, et après cela il ne pourra point y être apporté de changement sans l'autorisation du dit Conseil.

Du martelage des bois.

8) Tous les arbres de haute futaie, destinés à être abattus, devront être martelés au tronc et à la tige avec un marteau portant le nom du propriétaire de la forêt; les arbres exploités sans être martelés seront considérés comme ayant été coupés en fraude, et celui qui les aura abattus sera puni en cette qualité.

Des ventes de bois.

9) Les ventes de coupes entières de forêts ou de portions de forêts sont absolument interdites; les bois devront être vendus par pied d'arbre ou par moules, toises, Klafter (cordes etc.).
10) Les ventes de bois dans les forêts communales auront lieu aux enchères publiques annoncées à l'avance par des affiches.
11) L'autorité supérieure pourra interdire toute vente de bois dans les forêts communales qui serait reconnue excéder le produit annuel de la forêt.

Des exploitations.

12) Toute exploitation dans les forêts, quel qu'en soit le propriétaire, est interdite pendant les mois de Juillet et d'Août sous les peines statuées par la loi.
13) Toute coupe *rase* est interdite dans les forêts sous quelque prétexte que ce soit; on devra toujours laisser sur la coupe un nombre suffisant d'arbres en état de porter de la graine pour l'ensemencer et l'abriter. Dans les terrains en pente

rapide et essentiellement dans les forêts de montagne on devra laisser au-dessus de la pente une lisière de bois intacte et destinée à protéger la forêt contre les vents, les avalanches ou les chutes de pierres.

14) Les forêts destinées spécialement à abriter ou à garantir des villages ou des propriétés contre les avalanches ou les chutes de rochers, ne pourront être exploitées qu'autant qu'il sera nécessaire de renouveler les arbres dépérissans.

15) L'exploitation des bois situés sur la berge des torrens ou des rivières est également interdite à une distance moindre de dix toises du bord du cours d'eau.

Du pâturage dans les bois.

16) Le pâturage du bétail de quelque espèce qu'il soit est interdit dans les forêts ou portions de forêt en exploitation, ainsi que dans les jeunes bois qui n'auraient pas au moins 25 pieds de haut. Dans aucun cas le bétail ne devra avoir accès dans les semis naturels ou artificiels et dans les plantations, avant que les arbres aient atteint la hauteur de 25 pieds.

17) Les chèvres et les moutons devront être conduits de préférence dans les pâturages situés au-dessus de la région des forêts, et on ne devra les faire pâturer que dans les bois qui auront atteint la hauteur mentionnée à l'art. quinzième.

18) Le nombre de têtes de moutons et de chèvres que chaque particulier pourra envoyer au pâturage, devra être déterminé par les autorités communales.

De la police forestière.

19) Les communes devront avoir des gardes forestiers, salariés pour garder leurs forêts et veiller à leur conservation. Ces gardes seront nommés à vie et non point à tour de rôle dans la commune; mais ils seront toujours revocables.

20) Il est interdit de faire du feu dans les forêts ou d'y établir des fours à charbon ou à chaux, sauf dans les endroits qui auront été spécialement assignés à cet usage.

21) Il est également interdit sévèrement de mettre le feu au pied des arbres, ou de brûler les broussailles et les débris dans les forêts pour nettoyer le terrain et augmenter le pâturage.

22) Il est défendu de faire des trous ou des entailles aux arbres pour en extraire la résine, sauf dans les parties de forêt qui sont en exploitation.

23) Il est défendu de *cerner* un arbre, ou d'en détacher l'écorce sous quelque prétexte que ce soit.

24) Il est défendu de laisser gisant dans les forêts des arbres abattus qui n'auraient pas été écorcés.

Tels sont à-peu-près les articles qui devraient servir de base à une organisation forestière dans les Cantons où il n'en existe encore aucune; ainsi au Tessin et en Valais, car le Canton d'Uri possède au moins quelques ordonnaces forestières qui ne demanderaient qu'à être complétées par des développemens plus techniques que ceux qu'elles renferment. Quant au Canton des Grisons, il a par son décret de 1839 jeté les bases d'une organisation forestière suffisante à ses besoins. On remarquera que je me suis abstenu d'entrer dans aucun détail au sujet des enlèvemens frauduleux de bois, attendu que non seulement ils sont heureusement assez rares dans les forêts des Alpes, mais ensuite que c'est un objet de police locale.

RÉCAPITULATION ET CONCLUSION.

En résumant les sujets traités dans ce mémoire, on trouvera que j'ai exposé d'abord les désastres causés par les inondations de 1834 et de 1839, en me servant à cet effet des rapports des experts qui avaient été chargés de parcourir les contrées dévastées, et notamment de celui de Mr. Negrelli; j'ai cru cette exposition nécessaire pour bien établir l'état de la question.

J'ai présenté ensuite quelques considérations sur le climat, la nature du terrain et la végétation dans les contrées dont j'avais à m'occuper. N'ayant pas visité ces contrées depuis ces désastres, j'ai dû m'en rapporter aux rapports susmentionnés, et quant aux données sur la végétation et sur le climat, je les ai tirées essentiellement des ouvrages de Mrs. de Buch, Wallenberg et Kasthofer.

Peut-être trouvera-t-on que je me suis beaucoup trop étendu sur ces diverses parties, mais dans un sujet de cette espèce le champ est si vaste qu'il est bien difficile de se restreindre dans de justes bornes.

J'ai cru aussi devoir entrer avec assez de détail dans l'examen des causes auxquelles on doit attribuer en grande partie la dégradation du terrain et la dévastation des forêts dans ces hautes vallées.

J'ai aussi recherché quel était l'état de la législation forestière dans les quatre Cantons qui ont été le théâtre des désastres de 1834 et 1839.

Puis m'occupant des moyens de remédier pour l'avenir aux suites fâcheuses de ces événemens, je suis entré dans des détails assez minutieux sur le système d'économie forestière qu'il me paraissait qu'on pourrait y suivre avec avantage, et surtout je me suis étendu, ainsi que le Comité Fédéral a paru le désirer, sur tout ce qui avait rapport à la culture forestière et sur les moyens de rétablir en nature de bois les forêts dévastées. Je suis entré même dans des calculs de dépense, afin de présenter des données sur les sommes qui pourraient être appliquées à cette destination.

Enfin j'ai cru devoir indiquer les mesures de législation et de police forestière qui me paraîtraient devoir être recommandées à la sollicitude des gouvermens des Cantons qui font l'objet de ce mémoire.

Il ne me reste plus qu'à solliciter l'indulgence du Comité pour l'imperfection du travail que j'ai l'honneur de lui présenter et à le prier de le recevoir comme un faible témoignage de mon ardent amour pour le bien-être de notre chère patrie, et comme un hommage de mon respect pour le Comité Fédéral de secours.

Bex, le 11 Septembre 1841.

Lardy.

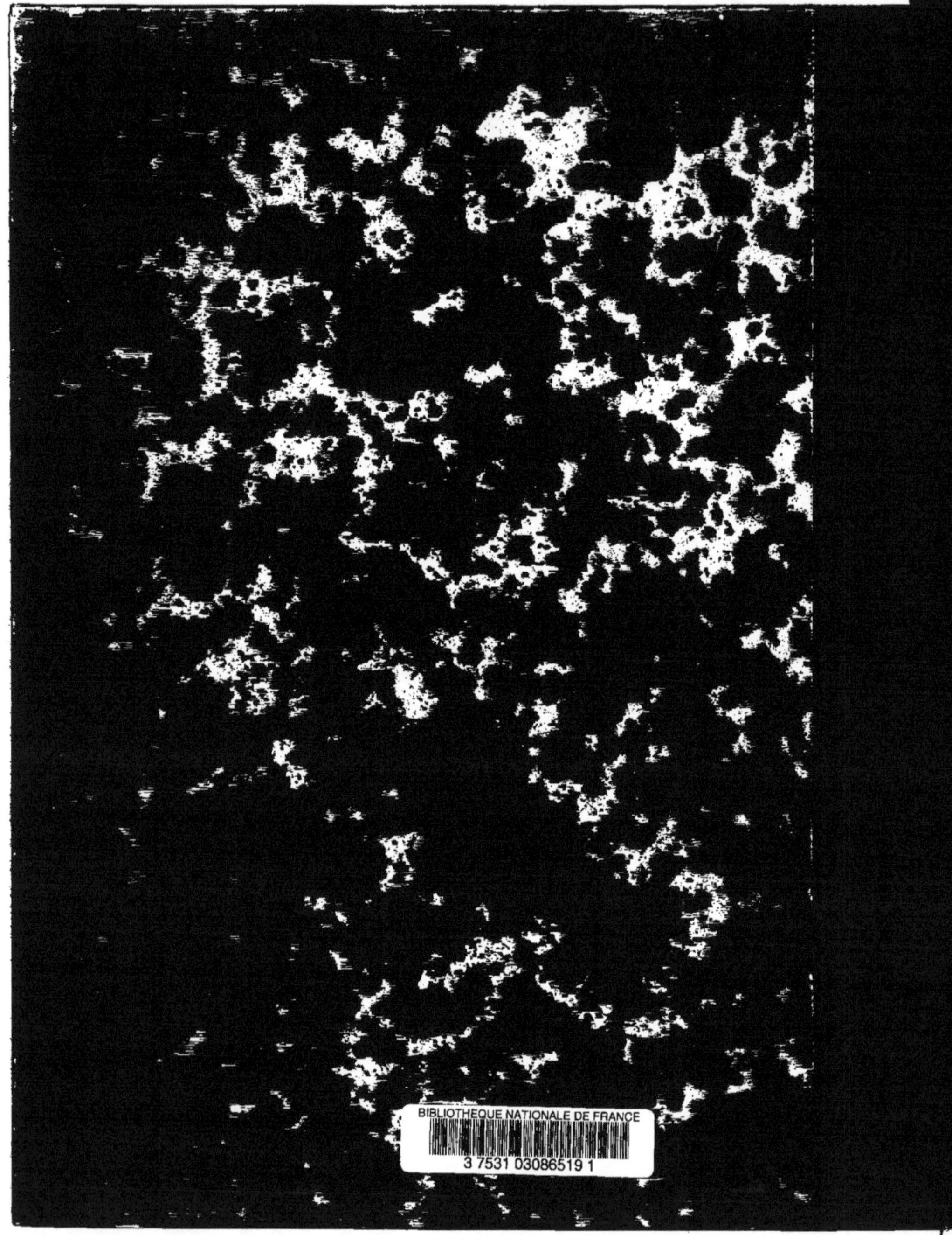

www.ingramcontent.com/pod-product-compliance
Ingram Content Group UK Ltd.
Pitfield, Milton Keynes, MK11 3LW, UK
UKHW021226230726
13926UKWH00003B/1268

9 782014 433012